新能源汽车维修重点建设教材

新能源汽车实训指导

主　审　罗尚书
主　编　赵　霖　蒋　德　罗长春
副主编　杨淋凯　赵九江　姜　梅　杨　罡
编　委　王　勇　吴　江　杨通元　曹　力
余　波

湘潭大学出版社
XIANGTAN UNIVERSITY PRESS

前言

发展新能源汽车是我国从汽车大国迈向汽车强国的必由之路，是应对气候变化、推动绿色发展的战略举措。经过多年持续努力，我国新能源汽车产业技术水平显著提升、产业体系日趋完善、市场规模日益壮大。新能源汽车产业蒸蒸日上，其对电机及控制系统检修人才的需求也与日俱增。

为了更好地满足职业教育的需求，培养掌握电机及控制系统理论知识、善于解决实际问题的高素质检修人才，编者进行了大量的走访，深入职业院校的教学一线和汽修企业的生产一线，并结合活页式教材的教育理念编写了本书。本书具有以下特点。

本书配合 1+X 证书制度，将相关知识点与新能源汽车职业技能等级认证的要求进行整合，实现了课程标准与职业标准的融合。

本书根据实际内容划分为多个项目，每个项目又设有多个任务，通过与本任务相关的知识内容、操作步骤提示等引出问题，激发学生的学习兴趣，让学生带着问题去探索新知识。

本书配有丰富精美的原理图、实物照片和现场照片，不仅可以帮助学生更加直观地理解相关知识，还可以增强教材的可读性。其中，本书为展示实践操作各步骤所配的照片，均是编者在新能源汽车行业专业维修人员的悉心指导下拍摄的，确保了步骤的合理性和内容的准确性。

在编写本书的过程中，编者翻阅了大量有关新能源汽车电机及控制系统检修的资料。在此，向这些资料的作者表示衷心的感谢！由于编者水平有限，加之时间仓促，书中存在的疏漏与不当，恳请广大读者批评指正。

编者

2022 年 8 月

目 录

项目一 电动汽车维护保养准备 …… 1

实训一 电动汽车车辆作业前场地准备 …… 1

实训二 维护保养工具使用 …… 8

项目二 电动汽车新车检查交付 …… 13

实训 新车检测（PDI） …… 13

项目三 电动汽车高压部件绝缘检测 …… 22

实训 高压部件绝缘检测 …… 22

项目四 电动汽车充电系统维护保养 …… 32

实训 充电系统基本检查 …… 32

项目五 电动汽车动力电池系统维护保养 …… 42

实训 动力电池拆卸与基本检查 …… 42

项目六 电动汽车冷却系统维护保养 …… 50

实训一 冷却系统的基本检查 …… 50

实训二 冷却液的更换 …… 58

项目七 电动汽车底盘维护保养 …… 66

实训一 电动汽车底盘基本检查 …… 66

实训二 减速器油的更换 …… 74

项目八 电动汽车制动系统维护保养 …… 84

实训一 电控制动系统基本检查 …… 84

实训二 制动液的更换 …… 97

项目九　电动助力转向系统维护保养 …………………… 108
实训　电动助力转向系统基本检查 …………………………… 108
项目十　电动汽车车身电器设备维护保养 ………………… 119
实训一　电动汽车车身电器的维护保养 …………………… 119
实训二　风窗玻璃清洗系统的维护保养 …………………… 132
项目十一　电动汽车空调系统维护保养 …………………… 140
实训一　空调系统基本检查 ………………………………… 140
实训二　空调制冷剂加注 …………………………………… 150
参考文献 ………………………………………………………… 158

项目一 电动汽车维护保养准备

实训一 电动汽车车辆作业前场地准备

表 1.1 实训目标

指导教师		参考学时	2 学时
实训目标	1. 了解维护保养工作前的场地要求，能检查各项设施配套是否完善 2. 知道电动汽车维修工位安全规范，能完成车辆停放、防护等工作 3. 了解后续维护保养项目，能有效准备并检查维修所用工具设备 4. 清楚电动汽车维护保养作业规范，能及时铺设三件套及翼子板防护垫 5. 清楚电动汽车维修工位高压绝缘要求，能对绝缘地垫绝缘阻值进行测量		

一、接受工作任务

1. 工作任务

王磊是汽车服务有限公司的一名学徒工，负责车辆入场维修前的日常准备工作。现王磊需完成车辆维护保养前车辆停放检查与安全防护、工具设备及场地检查等准备工作。

2. 任务分析

车辆作业前场地准备工作是车辆维修前的日常工作，维修人员需要做好防护检查等准备工作，保证维修车间作业安全。

二、知识复习

（1）在汽车行驶一定里程和时间后，应对汽车进行全面的保养护理，降低机件磨损速度，减少运行故障，使汽车具有良好的使用性和可靠性，延长使用寿命，确保行车安全。

（2）请查阅资料，对照表 1.2 中 A/B 级保养分别对应的保养项目。

表 1.2 保养里程

维护保养级别	维护保养项目	累计行驶里程 /km					
		10 000	20 000	30 000	40 000	50 000	以此类推
A 级维护保养	全车保养	✓		✓		✓	
B 级维护保养	高压、安全检查		✓		✓		✓

（3）电动汽车维修作业中安全为首，因此，应遵循以下安全操作规范：

① 维护保养场地周边不得有易燃物品及与工作无关的金属物品。

② 维护保养人员必须佩戴必要的防护工具，不得佩戴金属饰物。

③ 与工作无关的工具不得带入工作场地，必须使用的金属工具，手持部分一定要做绝缘处理。

④ 维护保养现场整车高压通电，必须两人以上进行，一人操作、另一人监护。

⑤ 维护保养过程中严格遵循先低压后高压、先常规项后高压系统项的顺序。

⑥ 为保证操作中的绝对安全，场地工作区域警示标牌、标线清晰，隔离距离正常。

（4）作业前应检查保养专用工具，请在表 1.3 中复习各个工具的用途。

（5）北汽新能源系列电动汽车维护保养项目，如果按照系统可以划分为：动力电池系统、电机系统、电器电控系统、制动系统、转向系统、车身系统、传动及悬挂系统、冷却系统、空调系统。

表 1.3 实训工具

序号	工具仪器名称	用途	序号	工具仪器名称	用途
1	故障诊断仪（BDS）	读取故障码、数据流	7	护目镜	防止电弧烧伤眼睛
2	动力电池举升车	拆装托举电池	8	绝缘安全帽	防止碰撞及触电
3	绝缘拆装工具	高压部件拆装	10	高性能数字万用表	高低压电路及电器元件测试
4	绝缘手套	高压部件拆装	11	红外线温度仪	高压端子温度检测
5	绝缘垫	举升机地面绝缘	12	灭火器	火灾防范
6	放电工装	电路余电释放	13	高性能绝缘表	检测高压系统绝缘性能

（6）（多选）下列选项中，属于电动汽车维护保养场地要求的是（ABDE）。

A. 通风良好　　　　B. 光线充足　　　　C. 地面为宽敞斜坡

D. 配备常用维护工具、气路、电路完整

E. 周边无大功率电器电磁设备　　　　F. 水泥地

（7）（判断）蓄电池在存放时严禁处于亏电状态。（√）

（8）（判断）当电池闲置不用时，应每月复电一次，这样能较好地保持电池健康状态。（√）

（9）在使用过程中，如果电动汽车的续航里程在短时间内突然大幅度下降十几千米，则很有可能是电池组中至少有一块电池出现问题。

（10）（多选）属于电动汽车维护保养的正确做法是（BCDE）。

A. 存放时亏电　　　　B. 定期检查　　　　C. 避免大电流放电

D. 正确掌握充电时间　　　　E. 防止暴晒

（11）（单选）当发现下述哪个情况时，应及时清除氧化物或更换插接件。（B）

A. 充电时插头发热　　　　B. 接触面氧化　　　　C.220 伏电源插头松动

D. 充电器输出插头松动

（12）一般情况蓄电池平均充电时间在 10 小时左右。充电过程如电瓶温度超过 65 ℃，应停止充电。

（13）温度过高的环境会使蓄电池内部压力增加而使电池失水，引发电池活性下降，加速极板老化。

（14）（判断）在进行电动汽车等新能源汽车检修时，与传统汽修不同，不需要安放车轮挡块、三件套和翼子板布护垫等用具。（×）

（15）（判断）在准备电动汽车场地时，只要以前测试过绝缘垫的绝缘阻值，一个月内都不要再次测量。（×）

三、制订计划

（1）根据车辆作业前场地准备要求，制订车辆停放检查与安全防护、工具设备及场地检查作业计划。

表 1.4 作业计划

作业流程		
序号	作业项目	操作要点
1	车辆停放检查及安全防护	车辆停放可靠，安装三件套
2	维修作业安全警戒	布置区域警戒线，安全标志
3	高压安全工具及设备检查	检查个人防护用具、维修工具
4	车辆作业区域高压安全检测	测量绝缘地垫绝缘性能
5	车身漆面防护	铺设翼子板衬垫
计划审核	审核意见： 年　月　日	

（2）请根据维修作业计划，完成小组成员任务分工。

表 1.5 任务分工

<table>
<tr><td>操作人</td><td></td><td>记录员</td><td></td></tr>
<tr><td>监护人</td><td></td><td>展示员</td><td></td></tr>
<tr><td colspan="4">作业注意事项</td></tr>
<tr><td colspan="4">（1）实训开始前应摘掉戒指、手表、项链，脱去宽松的衣服，换上实训服，长头发应挽起固定于脑后。
（2）按正确的方法使用状态良好的工具，使用后应立即清理。
（3）当使用汽车举升机时应严格按照举升机的操作规程进行作业。
（4）当整车实训时确保点火开关处于 LOCK 位置，操作另有要求除外。
（5）当就车工作时，应施加驻车制动，除非特定操作要求置于其他挡位。</td></tr>
<tr><td colspan="4">检测设备 / 工具 / 材料</td></tr>
<tr><td>序号</td><td>名称</td><td>数量</td><td>清点</td></tr>
<tr><td>1</td><td>北汽实训用车</td><td>1 辆</td><td>□已清点</td></tr>
<tr><td>2</td><td>举升机</td><td>1 台</td><td>□已清点</td></tr>
<tr><td>3</td><td>实训工装</td><td>1 套</td><td>□已清点</td></tr>
<tr><td>4</td><td>高压防护用具</td><td>1 套</td><td>□已清点</td></tr>
<tr><td>5</td><td>绝缘维修工具</td><td>1 套</td><td>□已清点</td></tr>
<tr><td>6</td><td>绝缘万用表</td><td>1 块</td><td>□已清点</td></tr>
<tr><td>7</td><td>车轮挡块</td><td>4 块</td><td>□已清点</td></tr>
<tr><td>8</td><td>车内三件套</td><td>1 套</td><td>□已清点</td></tr>
<tr><td>9</td><td>警示牌</td><td>1 个</td><td>□已清点</td></tr>
<tr><td>10</td><td>翼子板防护垫</td><td>1 套</td><td>□已清点</td></tr>
</table>

四、计划实施

（1）维修作业前现场环境检查。

表 1.6 现场环境检查

<table>
<tr><td rowspan="3"></td><td>通风良好、光线充足、地面平整宽敞</td><td>□是□否</td></tr>
<tr><td>配备常用维护工具、气路、电路完整安全</td><td>□是□否</td></tr>
<tr><td>车辆操作区域地面铺设绝缘垫</td><td>□是□否</td></tr>
</table>

（2）安装车内三件套，并将车辆停放在合适工位。

表 1.7 安装车内三件套

三件套名称	方向盘套、脚垫、座椅套
安装顺序	一般顺序为方向盘套，座椅套，最后脚垫
铺设三件套的原因	防止维修技师在进入车辆检查时弄脏车辆内饰，引起不必要的纠纷。同时，这也是服务质量的体现

（3）检查驻车制动器及挡位位置。

表 1.8 检查驻车制动器及挡位

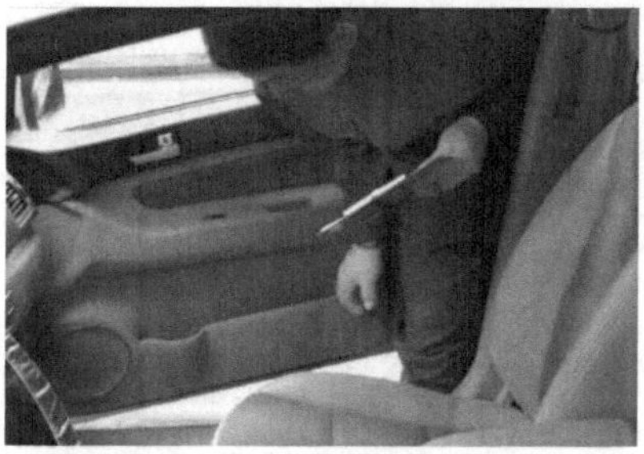

（1）检查驻车制动器的位置	驻车制动器位置	□落下 □提起
（2）检查挡位位置	挡位位置	□ R 挡 ☑ N 挡 □ D 挡 □ E 挡
注意事项： 当学生在检查驻车制动器和挡位时，务必要求其动作要轻，以免损坏制动器及变速杆。注意不要让学生随意操作转向盘、喇叭、车灯、刮水器、空调和收音机等车内电器按钮		

（4）安放车轮挡块，固定车辆位置。

表 1.9 安放车轮挡块

车轮挡块安放位置	□左前轮□右前轮 □左后轮□右前轮
挡块数量	□ 1 □ 2 □ 3 □ 4
布置车轮挡块的原因	避免在维护保养时车辆向前或向后移动，引发危险

（5）在维修工位周围布置警戒带。

表 1.10 布置警戒带

操作对象	警戒带
与车辆距离	参考值：前：1.0 m、后：1.0 m 左：1.0 m、右：1.0 m
布置警戒带的原因	防止在进行车辆维护时，无关人员靠近，影响维修操作或 引发危险

（6）放置危险警示牌。

表 1.11 放置危险警示牌

	警示牌放置位置	□左前轮□右前轮 □左后轮□右后轮
	放置警示牌的作用	电动汽车上存在高压电，在维修保养时需要专业人员进行操作，为了确保其他人员人身安全，需在明显位置放置警示牌。
	说明：在实际维修企业中，会设定专门的电动汽车维修工位，有警示标志	

（7）检查绝缘防护设备完好情况。

表 1.12 检查绝缘防护设备

	绝缘防护设备检查结果	□正常□损坏
	绝缘防护设备数量	□ 1 □ 2 □ 3 □ 4
	检查绝缘防护设备的原因	维修新能源汽车高压部件时起到绝缘保护作用。

（8）检查绝缘维修工具。

表 1.13 检查绝缘维修工具

	绝缘工具检查结果	□正常 □破损，破损件：_______
	绝缘防护电压	___1 000___V

（9）测量绝缘垫的绝缘阻值，判断其是否符合要求。

表 1.14 测量绝缘垫的绝缘阻值

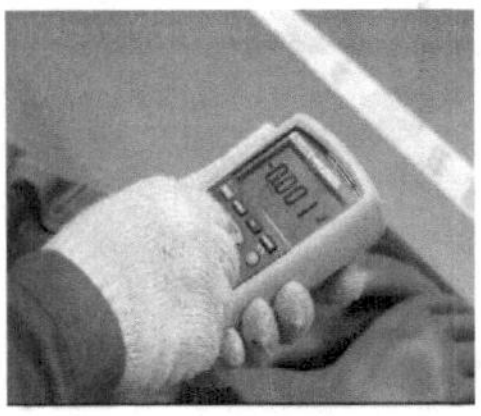	工具	绝缘万用表	自检结果	□正常□损坏
	挡位	电阻挡	选择量程	□500 V□1 000 V
	测量点及测量值	理论值：> 500 Ω	□左前轮地面	2.2 GΩ
			□右前轮地面	2.2 GΩ
			□左后轮地面	2.2 GΩ
			□右后轮地面	2.2 GΩ
			□车辆中心下面	2.2 GΩ

（10）铺设翼子板防护垫。

表 1.15 铺设翼子板防护垫

	翼子板布数量	□1□2□3□4
	铺设翼子板防护垫的原因	防止在维护保养检查过程中，不小心划伤漆面，还可以在检查冷却液、洗涤液时，避免其无意中滴落到漆面上

五、质量检查

请实训指导教师检查本组作业结果，并针对实训过程出现的问题提出改进措施及建议。

六、评价反馈

请根据自己在课堂中的实际表现进行自我反思和自我评价。

自我反思：

自我评价：

七、实训成绩单

表 1.16 实训成绩表

项目	评分标准	分值	得分
接受工作任务	明确工作任务，理解任务在企业工作中的重要程度	5	
信息收集	了解纯电动汽车维修工位地面、设备等要求	10	
	熟悉电动汽车高压作业个人防护用具及维修工具	10	
制订计划	按照前场地准备要求制订车辆停放检查与安全防护，工具设备及场地检查作业计划	10	
	能协同小组人员安排任务分工	5	
	能在实施前准备好所需要的工具器材	5	
计划实施	检查车辆停放位置是否合适	2	
	正确安装车内三件套	5	
	检查驻车制动器及挡位位置	2	
	正确安放车轮挡块	3	
	在维修场地周围布置警戒带	1	
	放置危险警示牌	1	
	检查绝缘防护设备完好情况	6	
	检查绝缘维修工具完好情况	6	
	测量绝缘垫的绝缘阻值	10	
	正确铺设翼子板防护垫	5	
质量检查	学生任务完成，操作过程规范	10	
评价反馈	学生能对自身表现情况进行客观评价	2	
	学生在任务实施过程中能发现自身问题	2	
得分（满分 100）			

实训二　维护保养工具使用

表 1.17　实训目标

指导教师		参考学时	2
实训目标	1. 熟知车辆 OBD 接口针脚定义，能正确连接诊断设备，完成车辆检测 2. 了解绝缘防护设备的作用及防护等级，能正确穿戴防护用具 3. 正确使用绝缘万用表功能按钮及开关挡位，完成蓄电池电压测量		

一、接受任务

1. 工作任务

王磊是汽车服务有限公司一名学徒工，在日常维修中为其他维修技师做副手，对一些基本的维修工具也能简单使用。现需王磊完成故障诊断仪连接、个人防护用具穿戴，并使用绝缘万用表检查蓄电池电压等工作。

2. 任务分析

纯电动汽车维修检测需要使用专用的检修工具，当进行高压作业时，操作人员需佩戴高压防护用具。因此，对基本工具、仪表的使用是维修工日常工作的必备技能。

二、知识内容

（1）汽车举升机是用于汽车维修过程中举升汽车的设备，请写出下列不同类型举升机的名称。

表 1.18　不同类型举升机

柱式举升机	剪式举升机	动力电池举升机

（2）（判断）汽车举升机操作简单，使用方便，最大的特点是安全，不存在安全隐患(×)。

（3）（单选）关于举升机的安全操作规程，下列说法中错误的是（ B ）。

A. 使用前应清除举升机附近妨碍作业的器具及杂物

B. 支车时，四个支角或垫块只要对应在车架的正确位置即可，可不在同一平面上

C. 举升时人员应离开车辆

D. 举升机不得频繁起落，支车时举升要稳，降落要慢

（4）对于举升机，应定期（半年）排除举升机油缸积水，并检查油量，油量不足应及时加注相同牌号的压力油。同时应检查液压油缸、润滑状态、举升机传动齿轮、钢绳及传动轮等工作部件。

（5）带电作业或使用电气工具时为防止工作人员触电，必须使用绝缘工具。请识别以下工具。

表 1.19 识别下列工具

图片	名称	作用
	警示牌	在地面或车辆附近明显位置放置
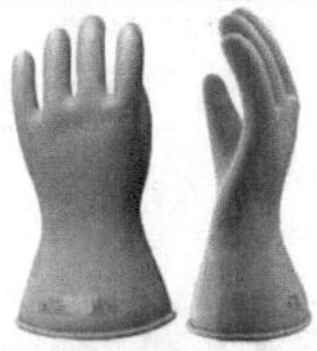	绝缘手套（绝缘等级为 1 000 V/300 A 以上）	拆除及安装高压部件使用
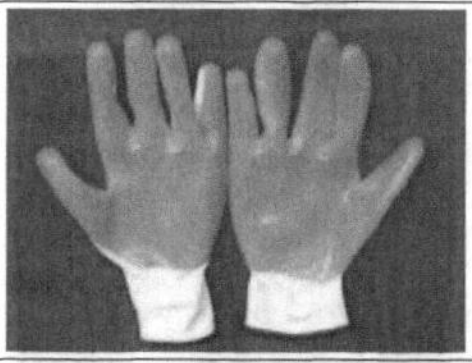	皮手套	拆除及安装高压部件使用（保护绝缘手套）
	绝缘鞋	拆除及安装高压部件使用
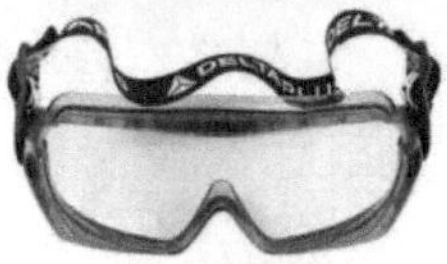	防护眼镜	拆除及安装高压部件使用
	绝缘帽	拆除及安装高压部件使用

（续表）

图片	名称	作用
	绝缘万用表	测试高压部件绝缘阻值
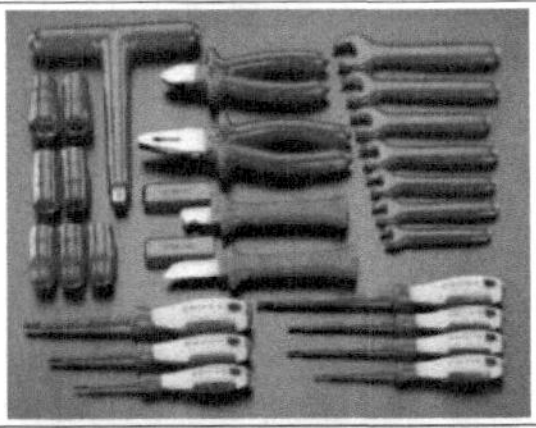	绝缘工具	拆除及安装高压部件使用
	绝缘胶布	覆盖所有的高压电线或端子。在维修塞被拔出后，包住维修塞槽

（6）钳形电流表又叫电流钳，是利用电流互感器原理制成的，分为指针式和数字式两种。

（7）关于钳流表的使用，请在图 1.1 中找出“正确”或“错误”。

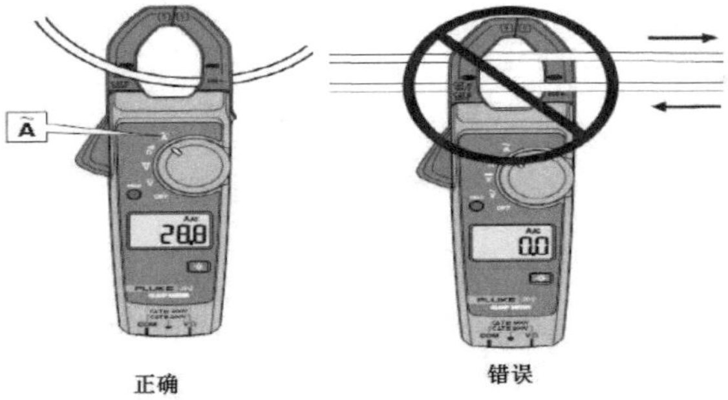

图 1.1　钳流表的使用

（8）（判断）钳形电流表使用时应按紧扳手，直至数据测量完毕。（ × ）

（9）FLUKE 1587C 绝缘万用表可以测量电压、电流、电阻、电容、导通和绝缘电阻等。

（10）（判断）为了避免触电、人身伤害，或损坏仪表，在测量电阻、导通性、二极管或电容之前，要断开电路电源并将所有高压电容器放电。（ √ ）

（11）绝缘测试只能在不通电的电路上进行。

（12）请将下列绝缘检测过程排序：①④②③

① 将测试探头插入“+”和“−”输入端子。

② 按“RANGE”键选择电压后将探头与待测电路连接。

③ 按“TEST”键开始测试。

④将旋钮转至 INSULATION（绝缘）位置。

（13）请查询《FLUKE 1587 系列用户手册》并认真阅读，完成以下信息的复习。

表 1.20 仪表功能

仪表盘图示	开关挡位	测量功能
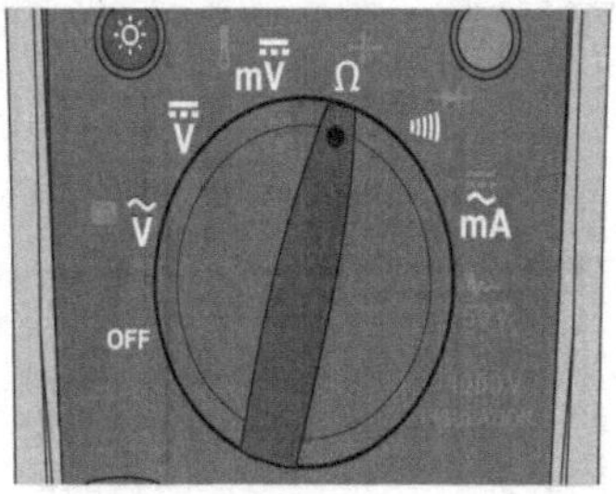	$\tilde{\text{V}}$	从 30.0 mV 到 1 000 V 的交流电压
	$\overline{\text{V}}$	从 1 mV 到 1 000 V 的直流电压
	m$\overline{\text{V}}$	DCmV（直流毫伏）0.1 mV 至 600 mV
	Ω	欧姆：从 0.1 Ω 到 50 MΩ
	·))))	通断性测试。蜂鸣器在 ＜25 Ω 时打开，在＞100 Ω 时关闭
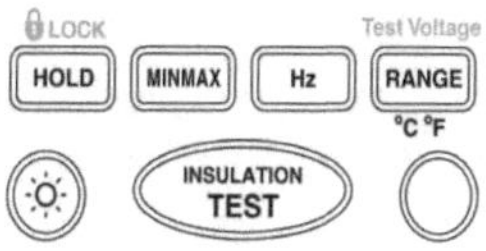	INSULATION	绝缘测试，欧姆从 0.01 MΩ 到 2 GΩ
	HOLD	按下时将使显示值保持不变。再次按下将释放显示值。当读数改变时，显示屏会自动更新，仪表发出蜂鸣声
	MINMAX	按下该按钮将保留最大值、最小值和平均值
	RANGE	将量程模式从自动（默认）改为手动。在某一功能的可用量程之间切换。在“绝缘测试”模式中用于切换可用电源电压
	INSULATION TEST	当旋转开关位于“绝缘”挡位时将对绝缘测试进行初始化。将使仪表获取（输出）高压，并测量绝缘电阻
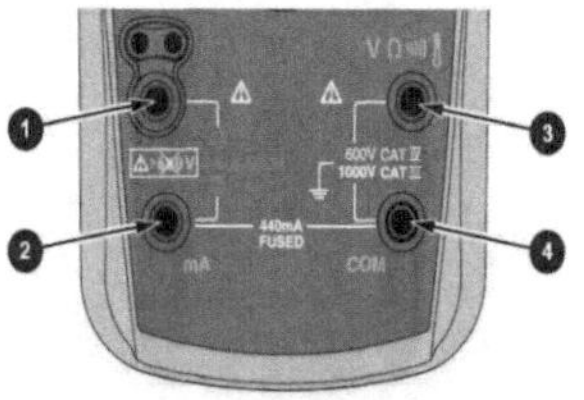	输入端子 1	用于绝缘测试的○＋输入端子
	输入端子 2	用于绝缘测试的○－输入端子
	输入端子 3	电压、通断性、电阻、二极管、电容、电压、频率和温度测量的输入端子
	输入端子 4	用于绝缘测试以外的所有测量的公共（返回）端子

（14）故障诊断仪的作用是什么？

汽车故障诊断仪是我们在日常汽车维修中，经常使用的一种智能型的故障分析仪。通过将故障诊断仪与汽车相连接，就可以分析汽车的各种零件以及汽车各部分的性能，判断汽车的故障源。

（15）请查阅资料，复习表 1.21 关于 BDS 的功能。

表 1.21 BDS 的功能列表

功能图标	功能名称	功能描述
	主界面	BDS 汽车无线诊断系统主界面，介绍和描述产品性能和品牌

（续表）

功能图标	功能名称	功能描述
	汽车智能诊断系统	汽车无线诊断系统的核心功能，它提供了简易而专业的汽车综合诊断功能，包括读VCU信息，故障码分析，数据流分析，数据流冻结帧，元件执行，电脑编程、匹配、设定和防盗等功能
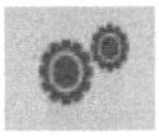	系统设定	汽车无线诊断系统的系统设定功能，它提供多种功能操作模式，连接方式，公英制单位切换和语言选择等功能，从而丰富用户体验
	软件管理	产品软件管理，用于甄别汽车诊断软件的版本信息，以便客户升级软件，用于客户管理汽车诊断车型软件；用于注册用户信息，以加强用户的安全性，以及客户打印测试报告时显示用户信息
	系统退出	安全退出BDS系统

三、制订计划

（1）根据电动汽车维修工具的使用要求，制订故障诊断仪使用、个人安全防护用具穿戴及测量蓄电池电压的作业计划。

（2）请根据维修作业计划，完成小组成员任务分工。

项目二　电动汽车新车检查交付

实训　新车检测（PDI）

表 2.1　实训目标

指导教师		参考学时	2 学时
实训目标	1. 能说出新车交车前检查项目的检查要点 2. 能规范快速准确地对新车进行检查 3. 能在新车检查过程中客观地记录检查结果		

一、接受工作任务

客户王先生上周在本店预约明天来店提车，因此，经理安排 PDI 专员今天给王先生的新车做一次新车销售 PDI 作业。

二、知识复习

（1）PDI 是新车送交顾客之前进行的全面检查，其英文名称：pre-Delivery Inspection。

（2）新车 PDI 是新车在投入运行前的一个重要环节，涉及制造厂、供应商和用户三方的关系，是消除质量事故隐患的必要措施和对新车质量的再次验证，也是对购车客户兑现承诺及系列优质服务的开始。

（3）（判断）新车出厂时应有厂检的技术质量标准，配齐各种装备和附件，但也难免

一时的疏忽，生产线上人为错误导致的差错和损坏。因此，销售 PDI 检查中发现的问题应属厂商责任。(×)

（4）PDI 检查按照交付对象的不同，一般分为三级：出库 PDI 检查、接车 PDI 检查、销售 PDI 检查。

（5）（单选）以下不属于《汽车售后服务规范》中关于 PDI 服务的基本要求的是（D）。

A. 供方在将汽车交给顾客前，应保证整车完好

B. 供方应对汽车性能进行测试，确保汽车的安全性和动力性良好

C. 供方应保证汽车的辅助设备功能齐全

D. 供方应向顾客提供汽车使用说明，由顾客阅读并了解汽车的使用常识

（6）（单选）下列选项中属于销售 PDI 检查是（ B ）。

A. 商品车交付物流公司发运前进行的质量状态检查

B. 商品车交付最终客户前进行的车辆质量状态检查

C. 商品车送达经销商处，经销商进行车辆质量状态验收检查

D. 商品车出厂前厂家质检部进行的质量状态检查

（7）请在下图的圆圈中，按照销售 PDI 顺序复习序号。

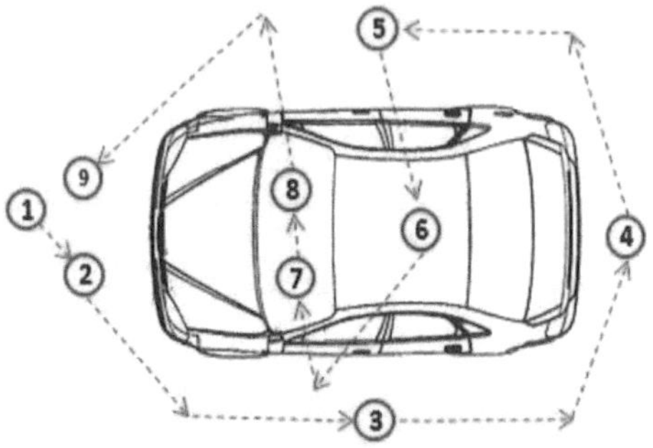

图 2.1 销售 PDI 顺序复习序号

（8）（判断）当 PDI 整体检查时，应检查车辆各个部位的漆面是否完好。(×)

（9）（判断）当检查前机舱时，由于洗涤液和冷却液可以后续再加入，所以不必检查。(×)

（10）（判断）对于北汽新能源纯电动汽车来说，备胎不属于必备随车物品，检查时应视情况而定。(√)

（11）请简述北汽 EV160 新车交车条件。

一看车身外观是否完好，有没有划痕；二看车内的各种电器设备是否正常；三看车灯系统是否完好；四看轮胎是否有凹陷，胎压是否正常；五看公里数，几十公里以内视为正常；六看随车配件是否齐全。对照 PDI 检查表中各项内容不出现重点关注项问题，即达到交车条件。

三、制订计划

（1）根据车辆维护保养要求，制订针对车辆洗涤液检查的作业计划。

表 2.2　作业计划

	作业流程	操作要点
1	整体检查	车辆整体信息登记
2	车辆前部检查	大灯、雨刮等部件检查
3	车辆左侧检查	车门、车身等部件检查
4	车辆后部检查	行李箱、随车附件检查
5	车辆右侧检查	车门、车身等部件检查
6	车辆内饰机功能检查	各操作件功能及外观检查
7	车辆前机舱检查	高压部件及线束、油液检查
计划审核	审核意见： 月　　日　　签字	

（2）请根据维修作业计划，完成小组成员任务分工。

表 2.3　任务分工

操作人		记录员	
监护人		展示员	
（1）实训开始前应做好个人着装准备、场地准备和工具准备 （2）进入车内操作前，应先铺好维护保养三件套 （3）当多人作业，起动运转设备或机器时，必须事先发出起动操作信号，并确认安全后方可起动，并且机器设备运行时，身体及衣服应远离转动部件 （4）当整车实训时确保点火开关处于 LOCK 位置，操作另有要求除外 （5）当就车工作时，应施加驻车制动（检查该部件时除外），除非特定操作要求置于其他挡位，否则应将挡位置于 N 位			
检测设备 / 工具 / 材料			
序号	名称	数量	清点
1	北汽实训用车	1 辆	☑已清点
2	隔离柱	1 只	☑已清点
3	警戒线	1 套	☑已清点
4	警示标识牌	4 个	☑已清点
5	维护保养三件套	1 卷	☑已清点
6	实训工装	1 套	☑已清点
7	绝缘防护用具	1 套	☑已清点
8	线手套	1 套	☑已清点

四、计划实施

（1）请完成纯电动汽车维修作业前检查及车辆防护，并记录信息。

① 维修作业前现场环境检查。

表 2.4　环境检查

	作业内容： 检查绝缘垫，设立隔离柱，布置警戒线，张贴警示牌 作业结果： 现场环境达标，隔离距离正常，警示标牌清晰

② 维修作业前防护用具检查。

表 2.5　防护用具检查

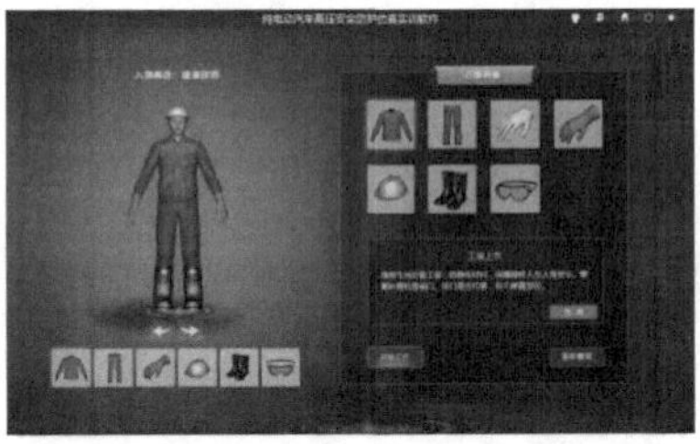	作业内容： 绝缘手套、绝缘鞋、护目镜外观及性能检查 作业结果： 外观检查良好，绝缘手套及绝缘鞋技术参数合格

③ 维修作业前实施车辆防护。

表 2.6　车辆防护

	作业内容： 铺设汽车维修三件套、脚垫 作业结果： 车辆防护实施完毕，可以进行故障诊断维修任务

（2）PDI 检查项目。

① 车辆整体检查。

表 2.7　车辆整体检查

① 车辆整体检查 	前风挡下方 VIN 码	□缺失　□字体不清　□号码错误
	3C 确认	□缺失　□松脱
	合格证 / 一致性证书	□缺失　□与实车不符
	遥控钥匙	□失效　□打不开门　□打不开后备厢
	防盗系统	□不报警□报警音异常　□常响
	轮胎	□型号　□胎压　□无饰盖
	里程表	□超里程

（续表）

② 在车辆前部检查 	上部	前盖	□油漆□配合□脏污□凹凸 □打不开□锁不住
		雨刮盖板	□损伤□脏污□配合
		雨刮	□损伤□锈蚀□位置不当
	中部	前灯	□损伤□脏污□配合□不亮 □常亮□水汽
		前格栅	□损伤□配合□快充口阻滞 □充电口盖无回弹
	下部	前保险杠	□损伤□配合□变形□色差
		雾灯	□损伤□脏污□不亮□常亮
③ 在车辆左侧检查  	上部	车顶	□油漆□脏污□凹凸□饰条翘起
		盲窗	□油漆□凹凸
	中部	左翼子板	□油漆□配合□凹凸
		左车门	□油漆□配合□凹凸□ 1/2 级锁 □开关力大□开关异响
		车辆铭牌	□确实□字体不清□号码错误
		轮胎气压标签	□确实□字体不清□号码错误
		儿童锁	□功能失效
		左 A/B/C/D 柱	□油漆□凹凸
		左后视镜	□损伤□无法折叠□异响□无法调节
		前后门把手	□太重□色差
		门上饰条	□损伤□不贴合□脏污
		密封条	□损伤□不贴合□脏污
		门内饰板	□损伤□配合□脏污
		左滑门	□油漆□配合□凹凸□焊点 □ 1/2 级锁□开关力大□开关异响
		慢充口	□油漆□配合□打不开 □充电口盖无回弹
④ 在车辆后部检查	外部	行李箱盖 / 后举门	□油漆□配合□凹凸□ 1/2 级锁 □开关力大□维修标签□无法打开 □无法关闭
		车后灯	□配合□不亮□常亮□水汽
		后保险杠	□油漆□配合□变形□色差
		徽标	□缺失□不正□翘起
		牌照板	□划伤□松动
 	内部	后盖内 VIN	□缺失□字体不清□号码错误
		行李箱地毯	□脏污□不平整　□配合
		备胎	□缺失□配置错
		充电线	□缺失□配置错　□损伤
		工具包	□缺失□损伤
		千斤顶	□缺失
		三角牌	□缺失□损失
		灭火器	□缺失□损失

（续表）

⑤ 在车辆右侧检查 	上部	车顶	□油漆□脏污□饰边翘起
		盲窗	□油漆□变形
	中部	右翼子板	□油漆□配合□凹凸
		右车门	□油漆□配合□凹凸□焊点□ 1/2 级锁 □开关力大□开关异响
		儿童锁	□功能失效
		右 A/B/C/D 柱	□油漆□脏污□凹凸
		右后视镜	□损伤□无法折叠□异响□无法调节
		前后门把手	□太重□色差□异响
		门上饰条	□损伤□不贴合□脏污
		密封条	□损伤□不贴合□脏污
		门内饰板	□损伤□配合□脏污
		右滑门	□油漆□配合□凹凸□ 1/2 级锁 □开关力大□开关异响□焊点
⑥ 坐在后排座椅上检查  	上部	车内顶衬	□脏污□配合□皱褶
		上扶手	□脏污□不回位
	前部	前座椅	□脏污□褶皱
	左部	门窗玻璃	□无法升降□异响□阻滞□操作力大
	下部	地毯（地板）	□脏污□配合□异物
		座椅	□脏污□异响□表面脏污□缝线脱落 □选装错□成形不良□线缝未对齐
		座椅调节	□不工作□调解费力
		地板	□松动□凹凸□变形□异物
	后部	座椅靠背	□脏污□不工作□调解费力
		头枕	□无法调节□调解费力
		安全带	□不回位□卡不上□脏污 □无法调节□调节费力
	侧部	车身	□焊点□毛刺□凹凸□变形□涂胶
⑦ 坐在主驾座椅上检查  	上部	车内顶衬	□脏污□配合
		天窗问题	□配合□无法开关□开关自动回位□阻滞
		左遮阳板	□脏污□标签□无法翻转□配合□镜面变形
		车内顶灯 / 阅读灯	□不亮□常亮□脱落□表面□配合
	前部	车内后视镜	□无法调节□脱落□脏污□松动
		前挡风玻璃	□开裂□划伤□脏污□畸变
		挡风玻璃喷水	□不工作□异响□喷水角度
		前 / 后挡风雨刮	□不工作□异响□刮不干净
		车窗玻璃	□无法升降□异响□阻滞 □防夹功能缺失
		仪表台左侧	□划伤□配合□脏污□异物
		背光调节	□不工作□无变化
		仪表指示	□不指示□指示异常 □开关门报警□挡位指示
		灯光操作件	□阻滞□灯光不亮
		警告灯	□不亮
		方向盘	□损伤□脏污□无法调节□调节异响
		喇叭	□力重□不响□单音

（续表）

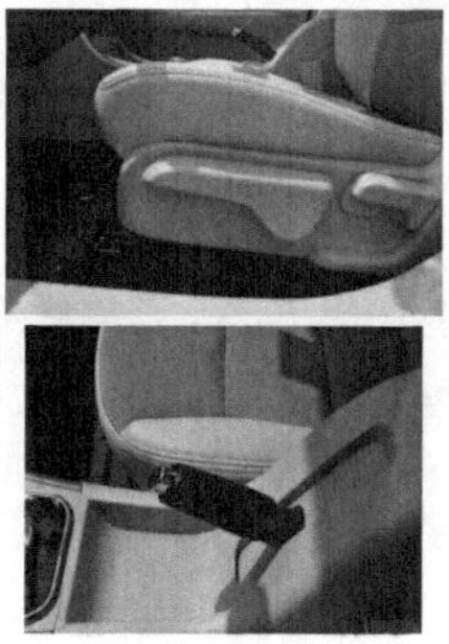		点烟器	□不工作□不弹出□缺失□按不下去
		车载电源	□不工作□不弹出□没有□无法打开 □无法关闭□按不下去
		收音机	□无法开机□无法收台□操作困难
		DVD/CD 机	□无法进碟□不读碟□无法退碟 □换碟不正常□不显示
		扬声器	□无声音□声音异常□共鸣声
		信息中心	□不显示□显示错误□无 GPS 定位
		空调系统	□不制冷□不加热□异响□不够冷 □不够热□出风口阻滞□出风口脱落
		风扇／鼓风机	□不工作□异响□异味 □无法维持温度□风向不正确
		挡风玻璃除霜除雾	□不工作
	下部	地毯问题	□脏污□皱褶□异物
		座椅	□脏污□异响□缝线脱落 □选装错误□线缝未对接
		座椅前后／上下调节	□不工作□调节费力□调节干涩
	后部	座椅靠背	□脏污□不工作□调节费力
		头枕	□无法调节□调节费力
		安全带	□不回位□污损□无法调节□调节费力
	右部	副仪表台	□脏污□配合□盖无法打开□打开异响 □代开阻滞□异物
		驻车手柄	□操纵里过大□指示灯不亮 □指示灯常亮□不回位
⑧ 坐在副驾座椅上检查 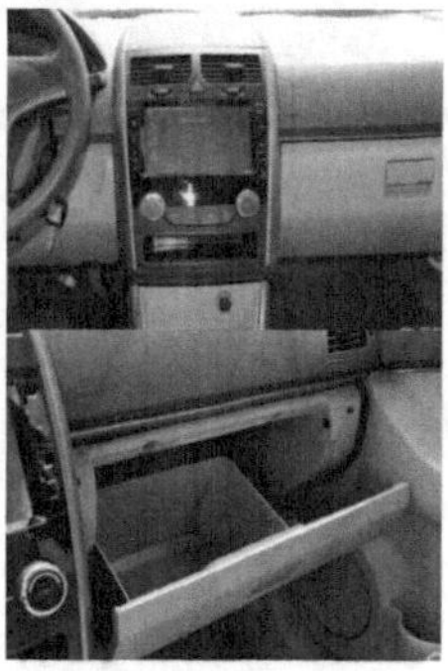	上部	车内顶衬	□脏污□配合
		右遮阳板	□脏污□标签□无法翻转□配合□镜面变形
		上扶手	□脏污□不回位
	前部	右车窗玻璃	□无法升降□异响□阻滞□防夹功能缺失
		仪表台右侧	□划伤□配合□脏污
		手套箱检查	□无法开启□无法关闭□照明灯不亮 □照明灯常亮□空调出风口无□异物
	下部	文件袋	□缺失
		地毯问题	□脏污□配合□异物
		车身钢印 VIN	□缺失□字体不清□号码错误
		数据终端	□灯不亮
		座椅	□脏污□异响□材质□缝线脱落□线缝未对接
		座椅前后调节	□不工作□调节费力
	后部	座椅靠背	□脏污□不工作□调节费力
		头枕	□无法调节□调节费力
		安全带	□不回位□卡不上□脏污 □无法调节□调节费力

（续表）

⑨检查车辆前机舱 	前盖内部 VIN	□缺失 □字体不清□号码错误
	制动液	□液位不足□液位过高□渗漏
	冷却液	□液位不足□液位过高□渗漏
	洗涤液	□液位不足□液位过高□渗漏
	低压电池线	□松动
	加注盖	□缺失 □松动
	警告标签	□缺失 □不清晰 □损伤
	前盖支撑杆	□卡不住 □损伤
	前盖内部	□油漆

五、质量检查

表 2.8 车辆质量检查

序号	评价标准	评价结果
1	PDI 检查前资料设备准备齐全	
2	安全、规范完成销售 PDI 检查	
3	根据车型不同记录检查结果	
综合评价	☆ ☆ ☆ ☆ ☆	
综合评语（作业问题及改进建议）		

六、评价反馈

请根据自己在课堂中的实际表现进行自我反思和自我评价。

自我反思：

自我评价：

七、实训成绩单

表 2.9 实训成绩单

项目	评分标准	分值	得分
接受工作任务	明确工作任务，准确记录客户及车辆信息	5	
信息收集	掌握工作相关知识及操作要点	15	
制订计划	计划合理可行	10	
计划实施	操作前做好场地设备及材料工具的准备工作	5	
	能规范、准确完成车辆整体检查	8	

（续表）

项目	评分标准	分值	得分
计划实施	能规范、准确完成车辆前部检查	8	
	能规范、准确完成车辆左侧检查	8	
	能规范、准确完成车辆后部检查	8	
	能规范、准确完成车辆右侧检查	8	
	能规范、准确完成车辆内饰及操作件功能检查	8	
	能规范、准确完成车辆前机舱检查	8	
	能在整个操作过程中规范操作，避免意外事故发生	5	
	能在操作结束后整理清洁场地	4	
质量检查	按照要求完成相应任务	5	

项目三　电动汽车高压部件绝缘检测

实训　高压部件绝缘检测

表 3.1　实训目标

指导教师		参考学时	4 学时
实训目标	1. 能介绍电动汽车各高压部件的名称及功能 2. 能介绍各高压线束的连接部件及接口定义 3. 能描述电动汽车高压系统的能量流动路径 4. 掌握电动汽车高压部件绝缘检测工具的使用方法 5. 能进行电动汽车高压部件绝缘检测		

一、接受工作任务

客户王先生是北汽新能源 EV 系列一款车型的车主，今日来店做维护保养。王先生反映车辆偶尔报高压绝缘故障，希望维修技师能够重点检查车辆高压部件的绝缘情况。维修技师刘强接受了此项任务，对该车的高压部件及高压线束进行了外观检查和绝缘检测，最终诊断出故障所在并排除了故障。

二、知识复习

（1）电动汽车的电气系统通常分为低压系统和高压系统。

（2）低压系统为车辆的中央控制器、刮水器、收录机、电动座椅等车身电器提供电能，一般采用直流 12 V 或 24 V 电源。

（3）电动及混动汽车高压系统主要由动力电池、电源逆变器、电机控制器和电机等电气设备组成，其工作电压一般在直流 300 V 以上。

（4）请查阅资料复习图 3.1 中各高压部件名称。

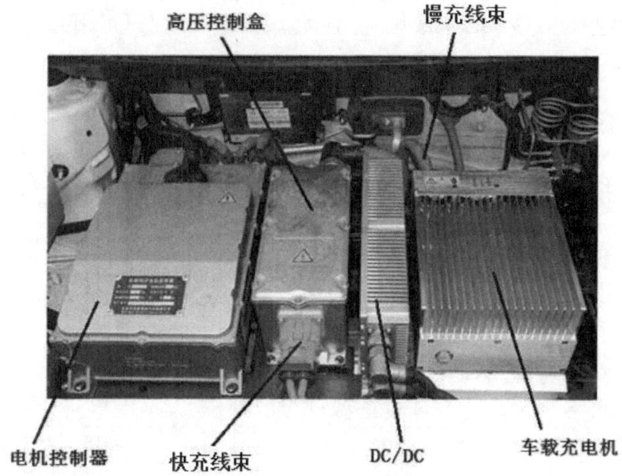

图 3.1　高压部件

（5）动力电池是电动汽车的核心，是纯电动汽车驱动能量的唯一来源，直接关系到电动汽车的续航能力，也与电动汽车的安全性直接相关。

（6）（判断）电机控制器可以将直流电转换为三相高压交流电输出至驱动电机，却不能将交流电再变回直流电。（ × ）

（7）北汽新能源 EV160 和 EV200 采用 C33DB 永磁同步驱动电机，具有效率高、体积小、重量轻及可靠性高等优点。

（8）车载充电机将 220 V 交流电转换为动力电池的直流电，实现电池电量的补给。

（9）DC/DC 转换器将动力电池的高压直流电转换为整车低压直流电，给整车低压用电系统供电及低压蓄电池充电。

（10）请查阅学习材料，复习图 3.2 中各高压线束的名称。

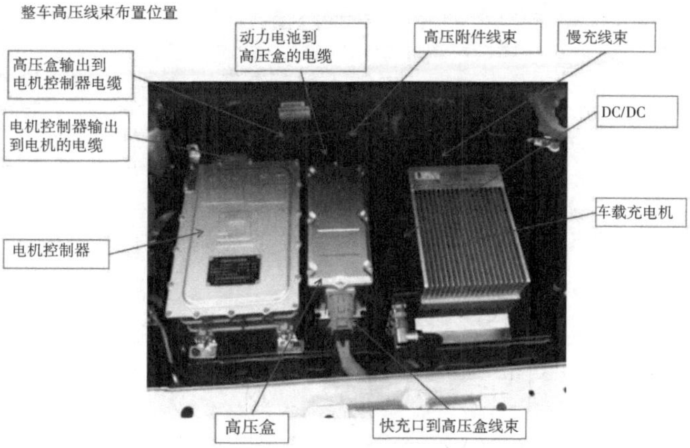

图 3.2 高压线束

（11）万用表绝缘测试只能在不通电的电路上进行。测试之前，确保测试电路或者电气设备已处于断电状态。

（12）电动车的高压安全防护措施有：漏电保护器、高压互锁、绝缘电阻检测。

（13）人体的安全电压低于 35 V，触电电流和持续时间乘积的最大值小于 30 mA · s。

（14）绝缘电阻除以电池的额定电压至少应该大于 100 Ω/V，最好是能确保大于 500 Ω/V。

三、制订计划

（1）根据车辆维护保养要求，制订针对车辆高压部件检测的作业计划。

表 3.2 作业计划

作业流程		
序号	作业项目	操作要点
1	车辆人员防护及整车高压断电	高压安全防护
2	动力电池正负极与车身绝缘电阻检测	高压母线高压盒端插拔及绝缘万用表使用
3	管理系统（BMS）绝缘检测	高压母线电池端线束插拔及仪表使用
4	车载充电机正、负极与车身绝缘检测	高压附件线束充电机端插拔及绝缘万用表的使用
5	DC/DC 转换器正负极与车身绝缘检测	高压附件线束 DC/DC 转换器端插拔及绝缘万用表的使用
6	空调压缩机正负极与车身绝缘检测	高压附件线束压缩机端插拔及绝缘万用表的使用
7	PTC 正负极与车身绝缘检测	高压附件线束 PTC 端插拔及绝缘万用表的使用
8	电机控制器、驱动电机正负极输入与车身绝缘检测	驱动电机 UVW 三相线、高压附件线束电机控制器端插拔及绝缘万用表的使用
9	高压盒正负极与车身绝缘检测	高压盒线束插拔及绝缘万用表的使用
10	高压线束与车身绝缘检测	快充线束绝缘测量
计划审核	审核意见： 年　月　日　签字：	

（2）请根据维修作业计划，完成小组成员任务分工。

表 3.3　任务分工

操作人		记录员	
监护人		展示员	
作业注意事项			
① 实训开始前应做好个人着装准备、场地准备和工具准备。 ② 进入车内操作前，应先铺好维护保养三件套。 ③ 在进行前机舱操作之前，应先铺设翼子板防护垫。 ④ 当多人作业，起动运转设备或机器时，必须事先发出起动操作信号，并确认安全后方可起动，并且机器设备运行时，身体及衣服应远离转动部件。 ⑤ 当使用兆欧表时，应注意选择合适的量程，用完之后及时关闭，防止损坏。 ⑥ 在对高压部件或高压线束操作时，应做好绝缘防护措施，防止触电。 ⑦ 在拔下高压线束之前需要先将点火开关转到 LOCK 挡，并断开辅助蓄电池			
检测设备 / 工具 / 材料			
1	北汽实训用车	1 辆	□已清点
2	绝缘工具箱	1 箱	□已清点
3	绝缘万用表	1 台	□已清点
4	放电工装	1 台	□已清点
5	高压防护用具	1 套	□已清点
6	隔离柱	4 个	□已清点
7	警戒线	1 卷	□已清点
8	警示标识牌	1 套	□已清点
9	维护保养三件套	1 套	□已清点
10	翼子板防护垫	1 个	□已清点
11	实训工装	1 套	□已清点
12	线手套	1 双	□已清点

四、计划实施

（1）请完成纯电动汽车维修作业前的检查及车辆防护，并记录信息。

① 维修作业前现场环境检查。

表 3.4　环境监察

	作业内容： 检查绝缘垫，设立隔离柱，布置警戒线，张贴警示牌。 作业结果： 现场环境达标，隔离距离正常，警示标牌清晰。

② 维修作业前防护用具检查。

表 3.5 防护用具检查

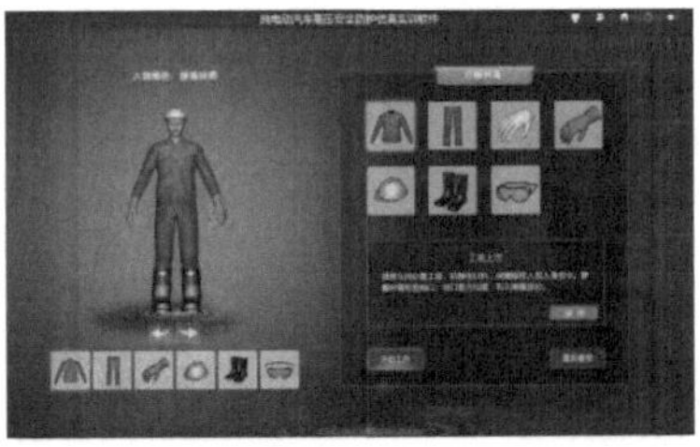	作业内容： 绝缘手套、绝缘鞋、护目镜、安全帽外观及性能检查 作业结果： 外观检查良好，绝缘手套及绝缘鞋技术参数合格

③ 维修作业前仪表工具检查。

表 3.6 仪表工具检查

	作业内容： 绝缘万用表、放电工装外观及性能检查 作业结果： 外观检查良好，绝缘万用表及放电工装性能正常

④ 维修作业前实施车辆防护。

表 3.7 车辆防护

	作业内容： 铺设翼子板防护垫、汽车维修三件套、脚垫 作业结果： 车辆防护实施完毕，可以进行故障诊断维修任务

（2）请完成整车断电操作。

表 3.8 整车断电操作

<table>
<tr><td rowspan="3"></td><td rowspan="3">(1) 关闭点火开关，断开低压蓄电池负极</td><td>钥匙保管人</td><td></td></tr>
<tr><td>低压蓄电池负极拆卸工具大小</td><td>10 mm</td></tr>
<tr><td>负极桩头绝缘处理方式</td><td>绝缘胶带</td></tr>
</table>

（续表）

<table>
<tr><td rowspan="3"></td><td rowspan="3">（2）拆卸检修开关，放置警示牌</td><td>检修开关锁数</td><td>2 道</td></tr>
<tr><td>检修开关安全存放位置</td><td>维修柜</td></tr>
<tr><td>放置警示牌</td><td>□是□否</td></tr>
</table>

（3）动力电池正负极与车身绝缘电阻检测。

表 3.9　绝缘电阻检测

<table>
<tr><td rowspan="5">
</td><td rowspan="5">拔下高压盒端动力电池输入线，将绝缘表黑表笔接于车身，红表笔逐个测量动力电池正负极端子</td><td>正极绝缘电阻</td><td>针脚</td><td>左脚</td></tr>
<tr><td>标准值：≥ 1.4 MΩ
测量值：</td><td>绝缘故障</td><td>□是
□否</td></tr>
<tr><td>负极绝缘电阻</td><td>针脚</td><td>右脚</td></tr>
<tr><td>标准值：≥ 1.0 MΩ
测量值：</td><td>绝缘故障</td><td>□是
□否</td></tr>
<tr><td>注意事项</td><td colspan="2">佩戴高压绝缘防护用具</td></tr>
</table>

（4）管理系统（BMS）绝缘电阻检测。

表 3.10　管理系统（BMS）绝缘电阻检测

<table>
<tr><td rowspan="5">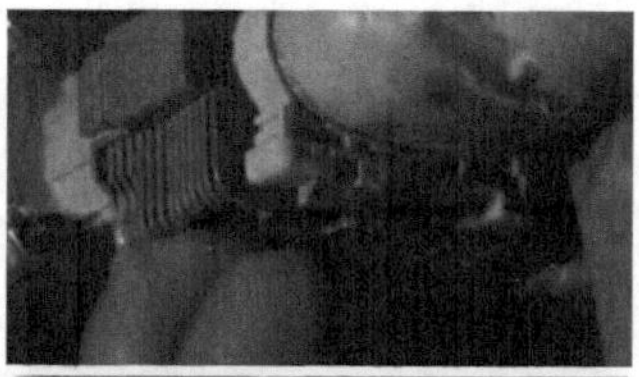
</td><td rowspan="5">拔下动力电池端高压母线插头，用绝缘表检测</td><td>正极绝缘电阻</td><td>针脚</td><td>左脚</td></tr>
<tr><td>标准值：≥ 1.5 MΩ
测量值：________</td><td>绝缘故障</td><td>□是□否</td></tr>
<tr><td>负极绝缘电阻</td><td>针脚</td><td>右脚</td></tr>
<tr><td>标准值：≥ 1.0 MΩ
测量值：________</td><td>绝缘故障</td><td>□是□否</td></tr>
<tr><td>注意事项</td><td colspan="2">佩戴高压绝缘防护用具</td></tr>
</table>

（5）车载充电机正、负极与车身绝缘检测。

表 3.11 车载充电机正、负极与车身绝缘检测

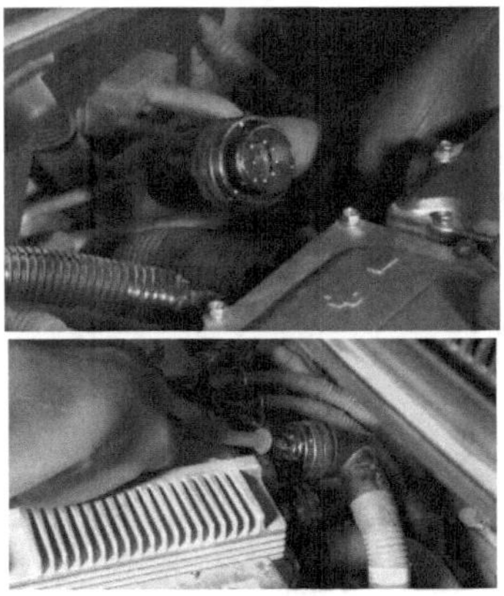	拔掉高压盒端高压附件线束插头。将兆欧表黑表笔接于车身，红表笔逐个接高压附件线束上车载充电机的正负极针脚（条件：环境温度为（23±2）℃和相对湿度为 90% ~ 95% 时）	线束芯数	□ 8 芯 □ 11 芯	
		充电机电源正极	针脚	E 脚
		标准值：≥ 20 MΩ 测量值：______	绝缘故障	□是□ 否
		充电机电源负极	针脚	F 脚
		标准值：≥ 20 MΩ 测量值：______	绝缘故障	□是☑否
		注意事项	拔线束时必须佩戴高压绝缘护具	

（6）DC/DC 转换器正负极与车身绝缘检测。

表 3.12 DC/DC 转换器正负极与车身绝缘检测

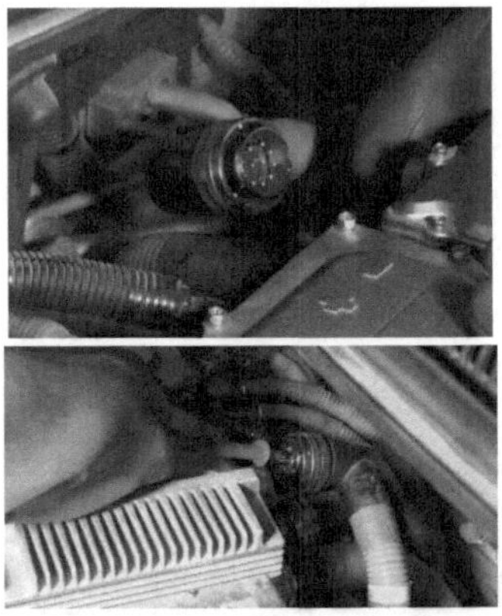	拔掉高压盒端高压附件线束插头。将兆欧表黑表笔接于车身，红表笔逐个接高压附件线束上 DC/DC 转换器的正负极针脚	线束芯数	□ 8 芯 ☑ 11 芯	
		DC/DC 转换器电源正极	针脚	A 脚
		标准值：≥ 20 MΩ 测量值：______	绝缘故障	□是☑否
		DC/DC 转换器电源负极	针脚	G 脚
		标准值：≥ 20 MΩ 测量值：______	绝缘故障	□是☑否
		注意事项	拔线束时必须佩戴高压绝缘护具	

（7）空调压缩机正负极与车身绝缘检测。

表 3.13 空调压缩机正负极与车身绝缘检测

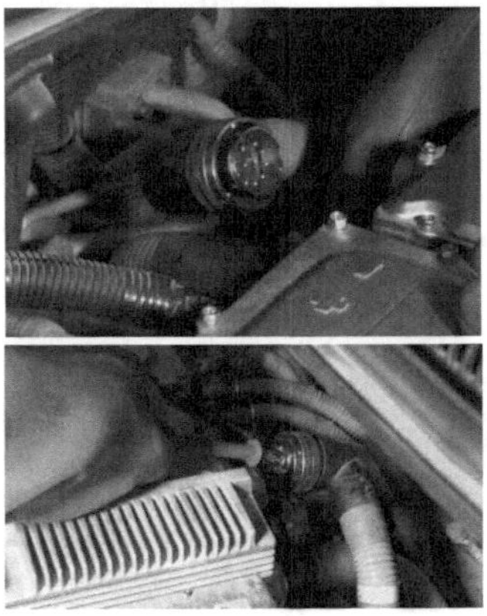	拔掉高压盒端高压附件线束插头。将兆欧表黑表笔接于车身，红表笔逐个接高压附件线束上压缩机的正负极针脚（系统内含冷冻机油和制冷剂）	线束芯数	□ 2 芯 ☑ 4 芯	
		压缩机电源正极	针脚	C 脚
		标准值：≥ 5 MΩ 测量值：______	绝缘故障	□是☑否
		压缩机电源负极 标准值：≥ 5 MΩ 测量值：______	针脚	H 脚
			绝缘故障	□是☑否
		注意事项	拔线束时必须佩戴高压绝缘护具	

（8）PTC 正负极与车身绝缘检测。

表 3.14 PTC 正负极与车身绝缘检测

	拔掉高压盒端高压附件线束插头。将绝缘表黑表笔接于车身，红表笔逐个接高压盒高压附件线束插头的正负极	线束芯数	☐ 8 芯 ☑ 11 芯	
		PTC 电源正极	针脚	B 脚
		标准值：≥ 500 MΩ 测量值：______	绝缘故障	☐是☑否
		PTC 电源负极	针脚	D、J 脚
		标准值：≥ 500 MΩ 测量值：______	绝缘故障	☐是☑否
		注意事项	拔线束时必须佩戴高压绝缘护具	

（9）电机控制器、驱动电机正负极输入与车身绝缘检测。

表 3.15 电机控制器、驱动电机正负极输入与车身绝缘检测

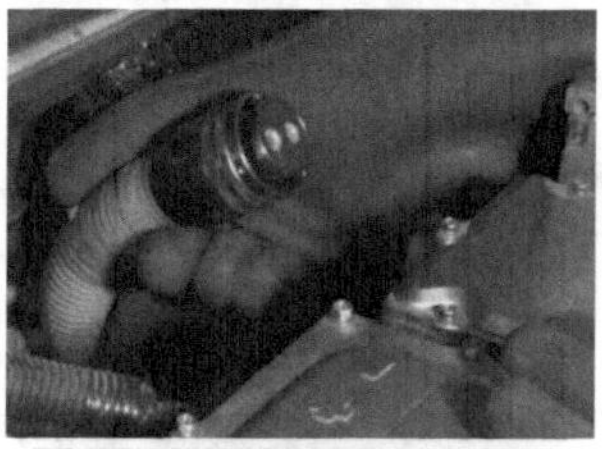	拔掉高压盒电机控制器输入插头。将兆欧表黑表笔接于车身，红表笔逐个接电机控制器（MCU）正负极端子	MCU 电源正极	针脚	下脚
		标准值：≥ 100 MΩ 测量值：______	绝缘故障	☐是☑否
		MCU 电源负极	针脚	上脚
		标准值：≥ 100 MΩ 测量值：______	绝缘故障	☐是☑否
		注意事项	拔线束时必须佩戴高压绝缘护具	

（10）高压盒正负极与车身绝缘检测。

表 3.16 高压盒正负极与车身绝缘检测

	拔掉高压盒上的 3 根高压线束。将兆欧表黑表笔接于车身，红表笔逐个接高压盒端子（动力电池输入，驱动电机控制器输出）	动力电池高压电缆		☐连接☑拔下
		电机控制器电缆		☐连接☑拔下
		高压附件线束		☐连接☑拔下
		动力电池输入端	正极阻值	标准值：无穷大 测量值：______
			负极阻值	标准值：无穷大 测量值：______

（续表）

			绝缘故障	□是☑否
		电机控制器输出端	正极阻值	标准值：<u>无穷大</u> 测量值：______
			负极阻值	标准值：<u>无穷大</u> 测量值：______
			绝缘故障	□是☑否
	注意事项		拔线束时必须佩戴高压绝缘护具	

（11）高压线束与车身绝缘检测（因前面测量高压部件绝缘时，已经连带检测过四根高压线束，现在只测量快充线束的绝缘阻值即可）。

表 3.17　高压线束与车身绝缘检测

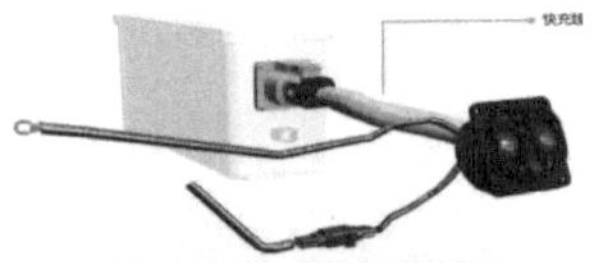	打开快充口，将兆欧表黑表笔接于车身，红表笔逐个测量快充口正负极	快充电源正极	针脚	<u>DC+</u> 脚
		标准值：<u>无穷大</u> 测量值：______	绝缘故障	□是☑否
		快充电源负极	针脚	<u>DC−</u> 脚
		标准值：<u>无穷大</u> 测量值：______	绝缘故障	□是☑否

五、质量检查

请实训指导教师检查本组作业结果，并针对实训过程出现的问题提出改进措施及建议。

表 3.18　质量检查

序号	评价标准	评价结果
1	相关物品及资料交接齐全无误	
2	安全、规范完成维护保养工作	
3	对车辆各个高压部件进行绝缘检测	
4	根据绝缘检测结果判断车辆故障位置	
5	检查车况并在维修记录单上签字	
综合评价	☆ ☆ ☆ ☆ ☆	
综合评语（作业问题及改进建议）		

六、评价反馈

请根据自己在课堂中的实际表现进行自我反思和自我评价。

自我反思：

自我评价：

七、实训成绩单

表 3.19　实训成绩单

项目	评分标准	分值	得分
接收工作任务	明确工作任务，准确记录客户及车辆信息	5	
信息收集	掌握工作相关知识及操作要点	10	
制订计划	计划合理可行	10	
计划实施	操作前做好场地设备及材料工具的准备工作	5	
	能介绍纯电动汽车高压系统各组成部件的名称及功能	3	
	能根据维修手册识别各高压部件及线束的接口定义	5	
	能检测动力电池正负极与车身绝缘电阻并判断是否存在故障	6	
	能检测车载充电机正负极绝缘电阻并判断是否存在故障	6	
	能检测 DC/DC 转换器正负极绝缘电阻并判断是否存在故障	6	
	能检测空调压缩机正负极绝缘电阻并判断是否存在故障	6	
	能检测 PTC 正负极绝缘阻值并判断是否存在故障	6	
	能检测电机控制器、驱动电机正负极输入绝缘阻值并判断是否存在故障	6	
	能检测高压盒正负极绝缘阻值并判断是否存在故障	6	
	能在整个操作过中规范操作，避免意外事故发生	5	
	能在操作结束后整理清洁场地	5	
质量检查	按照要求完成相应任务	5	
评价反馈	经验总结到位，合理评价	5	
得分（满分 100）			

项目四 电动汽车充电系统维护保养

实训 充电系统基本检查

表 4.1 实训目标

指导教师		参考学时	2 学时
实训目标	1. 能说出车载充电机上指示灯的含义，检查车载充电机工作状态 2. 能目测检查慢充充电线外观及插头状态 3. 能熟练运用万用表检测充电线导通状态 4. 能识别仪表充电指示灯并熟练检查充电口盖开关状态 5. 能运用万用表检查 DC/DC 转换器功能		

一、接受工作任务

客户王先生是北汽 EV 系列一款车型的车主，今日来店做维护保养。王先生反映在充电时有时需要多次插拔充电枪才能充电。维修技师刘强接受了此项任务，重点对车辆充电系统进行了检查。

二、知识复习

（1）（单选）下列选项中不属于电动汽车对充电装置的要求的是（E）。

A. 安全性　　B. 使用方便　　C. 成本经济

D. 效率高　　E. 外观漂亮　　F. 对供电电源污染要小

（2）电动汽车充电装置的分类有不同的方法。总体上可分为车载充电装置和非车载充电装置。

（3）电动汽车充电方式主要有慢充充电方式、快速充电方式两种。

（4）慢充系统主要由慢充口、车载充电机、高压控制盒、动力电池组成。慢充充电时，来自慢充桩的 220 V 交流电经车载充电机整流滤波升压成动力电池的直流电。请查阅学习材料复习图 4.1 中部件名称。

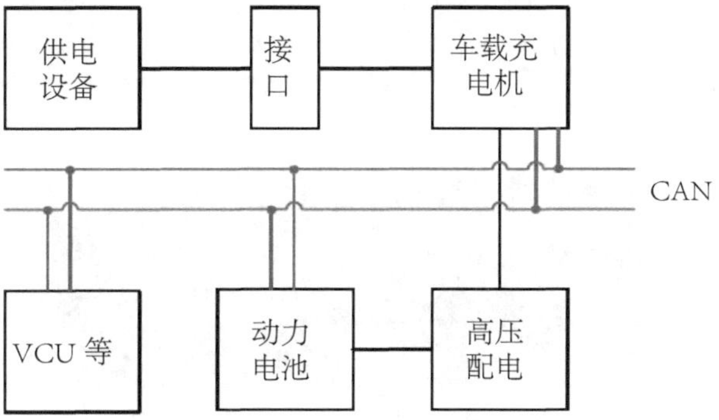

图 4.1　慢充系统构成

（5）（多选）下列属于慢充充电的优点的是（BCD）。

A. 效率高　　　　B. 充电器和安装成本较低

C. 可充分利用电力低谷时段进行充电　　　　D. 充电设施体积小可携带

（6）快充系统主要由快充口、高压控制盒、动力电池组成。快充充电时，快充桩给纯电动汽车提供约 370 V ~ 380 V 的高压直流电，可以直接给动力电池充电。请查阅学习材料复习图 4.2 中部件名称：

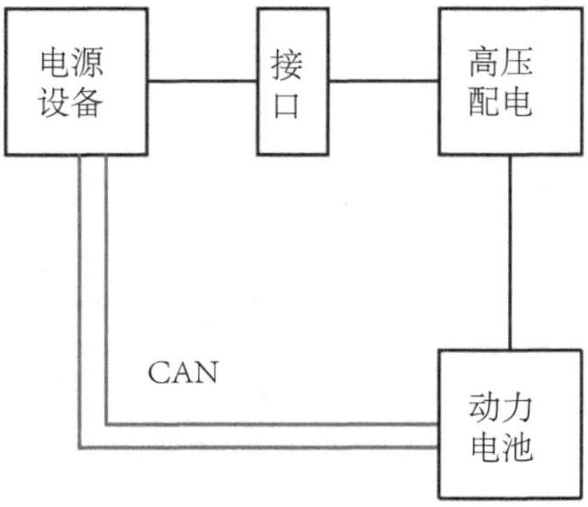

图 4.2　快充系统构成

（7）（判断）车载充电机保护功能齐全，具有过压、欠压、过流、过热、短路、输出反接等保护功能。（√）

（8）（判断）车载充电机采用高频开关技术，使得充电机效率高，体积小，重量轻。（√）

（9）慢充线束是连接慢充口到车载充电机之间的线束。

（10）快充线束是连接快充口到高压盒之间的线束。

（11）请写出下列车载充电机指示灯含义及其与充电机工作状态的关系：

① POWER 灯：电源指示灯，当接通交流电后，电源指示灯亮起。

② CHARGE 灯：当充电机接通电池进入充电状态后，充电指示灯亮起。

③ ERROR 灯：报警指示灯，当充电机内部有故障时亮起。

充电正常时，POWER 灯和 CHARGE 灯点亮。当起动 0.5 min 后仍只有 POWER 灯亮时，有可能为电池无充电请求或已充满。当 ERROR 灯点亮时，则说明充电系统出现异常。当充电灯都不亮时，检查充电桩以及充电线束及接插件。

（12）请查阅学习材料查图 4.3 中接口定义。

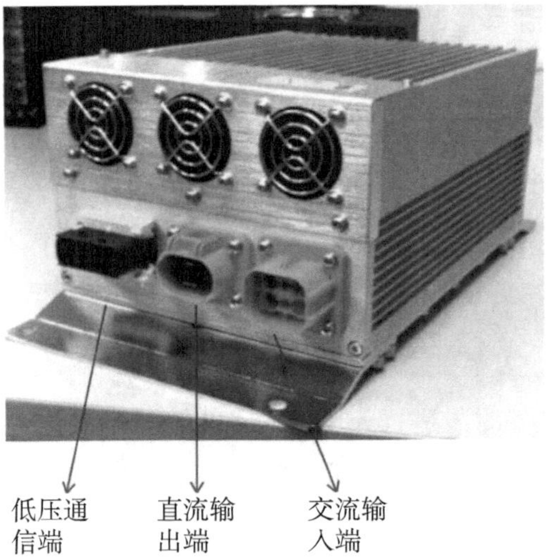

图 4.3 接口

（13）车载充电机的控制策略和工作流程给下列选项排序：②⑥③④⑧⑤⑦①。

① 电池断开继电器。

② 插上 220 V 交流电源供电；

③ BMS 检测充电需求；

④ BMS 给车载充电机发送工作指令并闭合继电器；

⑤ 电池检测充电完成后，给车载充电机发送停止指令；

⑥ 低压唤醒整车控制系统；

⑦ 车载充电机停止工作；

⑧ 车载充电机开始工作，进行充电。

（14）当电池继电器正常闭合，但充电机无输出电流时，应当：检查车端充电枪是否连接到位；检查高压保险是否熔断；检查高压连接器及线缆是否正确连接。

（15）DC/DC 转换器：将动力电池的高压直流电转换为整车低压 12 V 直流电，给整车低压用电系统供电及铅酸电池充电。它的输出电压是 13.8 ~ 14 V，冷却方式为风冷。

（16）学习 DC/DC 转换器（见图 4.4）并进行实物复习。

图 4.4 DC/DC 转换器

（17）学习 DC/DC 转换器工作流程：

① 整车 ON 挡上电或充电唤醒上电。

② 动力电池完成高压系统预充电流程。

③ VCU 发给 DC/DC 转换器使能信号。

④ DC/DC 转换器开始工作。

三、制订计划

（1）根据车辆维护保养要求，制订针对充电系统基本检查的作业计划。

表 4.2 实训目标

作业流程		
序号	作业项目	操作要点
1	检查车载充电机工作状态	充电指示灯的含义
2	检查慢充充电线导通状态	充电线各个针脚定义及其阻值测量
3	检查充电口盖开关状态	充电指示灯状态检查
4	检查 DC/DC 转换器功能	DC/DC 转换器电压的测量
计划审核	审核意见： 年　月　日　签字：	

（2）请根据维修作业计划，完成小组成员任务分工。

表 4.3 实训目标

操作人		记录员	
监护人		展示员	
作业注意事项			
（1）实训开始前应做好个人着装准备、场地准备和工具准备 （2）进入车内操作前，应先铺好维护保养三件套 （3）在进行前机舱操作之前，应先铺设翼子板防护垫 （4）当多人作业，起动运转设备或机器时，必须事先发出起动操作信号，并确认安全后方可起动，并且机器设备运行时，身体及衣服应远离转动部件 （5）当使用万用表时应选择正确的挡位和量程，并且在使用过后及时关闭			
检测设备 / 工具 / 材料			
序号	名称	数量	清点
1	北汽实训车辆	1 辆	☑已清点
2	龙门式双柱举升机	1 台	☑已清点
3	万用表	1 个	☑已清点
4	隔离柱	4 个	☑已清点
5	警戒线	1 卷	☑已清点
6	警示标识牌	1 套	☑已清点
7	维护保养三件套	1 套	☑已清点
8	翼子板防护垫	1 个	☑已清点
9	实训工装	1 套	☑已清点
10	线手套	1 双	☑已清点

四、计划实施

（1）请完成纯电动汽车维修作业前检查及车辆防护，并记录信息。

① 维修作业前现场环境检查。

表 4.4 环境检查

	作业内容： 检查绝缘垫，设立隔离柱，布置警戒线，张贴警示牌 作业结果： 现场环境达标，隔离距离正常，警示标牌清晰

② 维修作业前防护用具检查。

表 4.5 防护用具检查

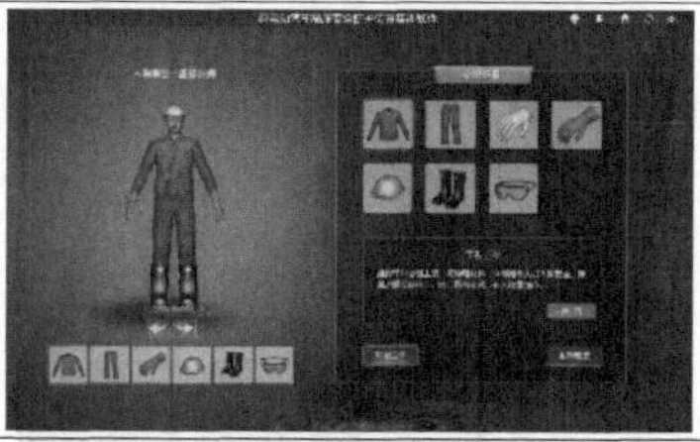	作业内容: 绝缘手套、绝缘鞋、护目镜、安全帽外观及性能检查 作业结果: 外观检查良好，绝缘手套及绝缘鞋技术参数合格。

③ 维修作业前仪表工具检查。

表 4.6 仪表工具检查

	作业内容: 万用表外观及性能检查 作业结果: 外观检查良好，绝缘万用表及放电工装性能正常

④ 维修作业前实施车辆防护。

表 4.7 实施车辆防护

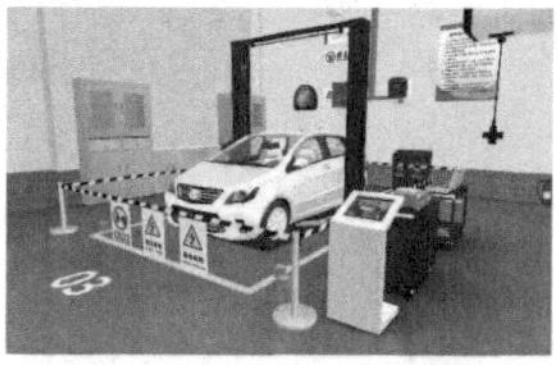	作业内容: 铺设翼子板防护垫、汽车维修三件套、脚垫 作业结果: 车辆防护实施完毕，可以进行故障诊断维修任务

（2）请检查车载充电机工作状态。

表 4.8 检查车载充电机工作状态

<table>
<tr><td colspan="2" rowspan="4">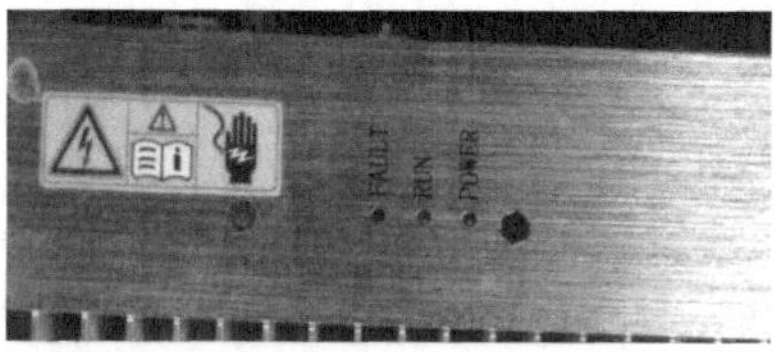</td><td>充电枪状况</td><td>☑插上充电枪
□拔下充电枪</td></tr>
<tr><td rowspan="3">充电正常时，CHG 点亮指示灯</td><td>☑ POWER</td></tr>
<tr><td>☑ RUN</td></tr>
<tr><td>□ FAULT</td></tr>
<tr><td>序号</td><td>故障现象</td><td colspan="2">可能原因</td></tr>
<tr><td>1</td><td>起动 0.5 min 后只有 POWER 灯亮</td><td colspan="2">电池无充电请求或已充满</td></tr>
<tr><td>2</td><td>FAULT 灯亮</td><td colspan="2">充电系统出现异常</td></tr>
<tr><td>3</td><td>所有充电灯都不亮</td><td colspan="2">充电桩、充电线束及接插件可能出现异常，需检查</td></tr>
</table>

（3）请检查慢充充电线。

表 4.9 检查慢充充电线

<table>
<tr><th colspan="5">充电线目测检查</th></tr>
<tr><td rowspan="3">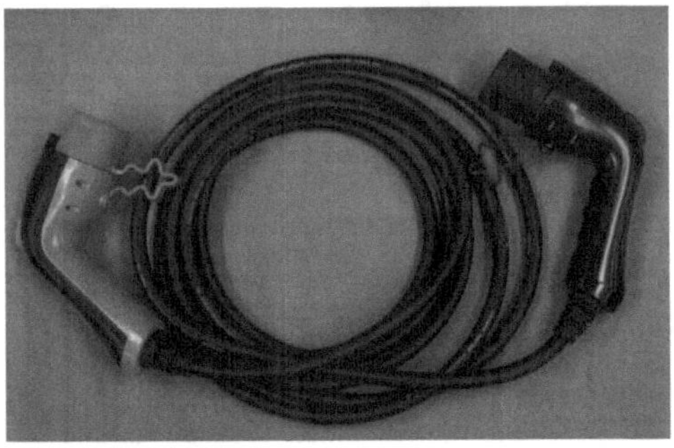</td><td>外观状态</td><td>☑正常</td><td>□破损</td><td>□裂痕</td></tr>
<tr><td>端子状态</td><td>☑正常</td><td>□烧蚀</td><td>□损坏</td></tr>
<tr><td>注意事项</td><td colspan="3">充电过程中充电线会产生热量，如有破损，请及时更换。避免产生危险对人员或对车辆造成损害</td></tr>
</table>

<table>
<tr><th colspan="4">充电线导通测试</th></tr>
<tr><th>充电线测量</th><th>选用仪表及挡位</th><th>测试结果</th><th>处理措施</th></tr>
<tr><td>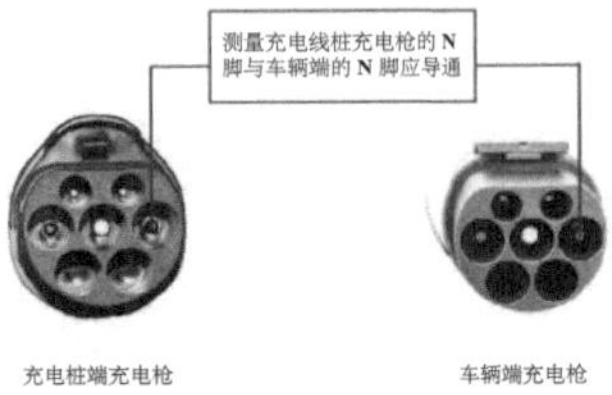</td><td>万用表－<u>蜂鸣挡</u></td><td>☑导通
□不导通
☑阻值小于 0.5 Ω
□阻值大于 0.5 Ω</td><td>□更换充电线总成
☑不更换</td></tr>
<tr><td>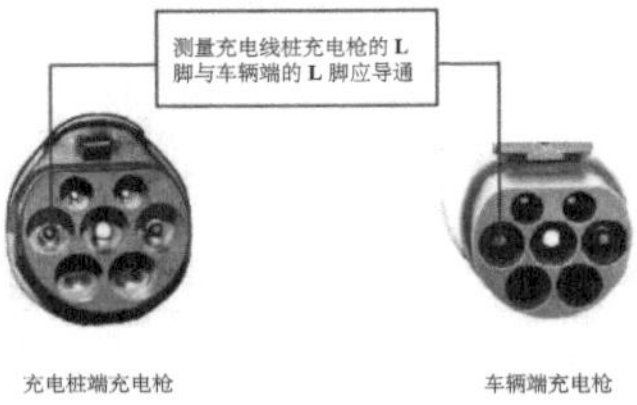</td><td>万用表－<u>蜂鸣挡</u></td><td>☑导通
□不导通
☑阻值小于 0.5 Ω
□阻值大于 0.5 Ω</td><td>□更换充电线总成
☑不更换</td></tr>
<tr><td>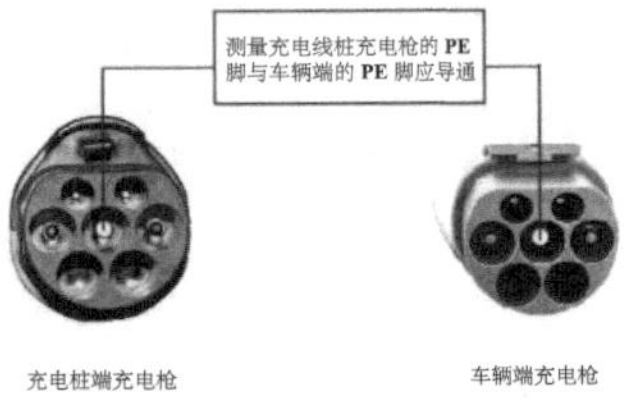</td><td>万用表－<u>蜂鸣挡</u></td><td>☑导通
□不导通
☑阻值小于 0.5 Ω
□阻值大于 0.5 Ω</td><td>□更换充电线总成
☑不更换</td></tr>
<tr><td>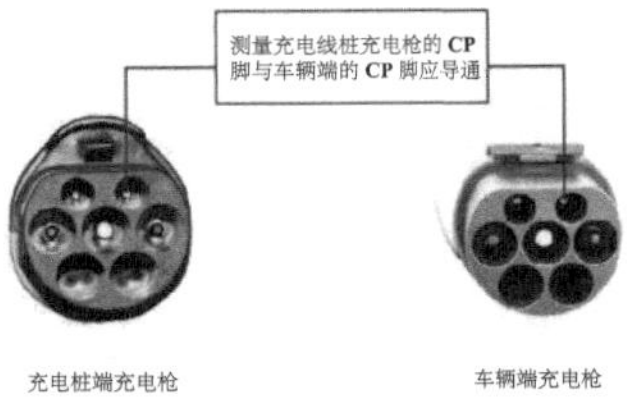</td><td>万用表－<u>蜂鸣挡</u></td><td>☑导通
□不导通
☑阻值小于 0.5 Ω
□阻值大于 0.5 Ω</td><td>□更换充电线总成
☑不更换</td></tr>
</table>

<table>
<tr><td rowspan="2">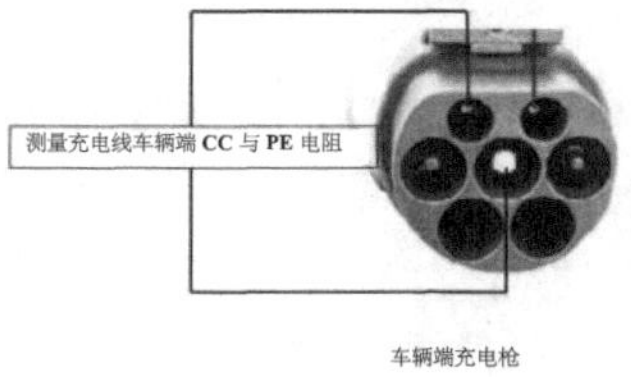
</td><td rowspan="2">万用表－电阻挡</td><td colspan="2">☑阻值 680 Ω ± 3%(16 A)
□阻值 220 Ω ± 3%(32 A)
□以上均不是，实际__Ω</td><td>□更换充电线总成
☑不更换</td></tr>
<tr><td colspan="3">注意事项：测量时充电枪的解除锁止按键需保持在弹起状态。</td></tr>
<tr><td>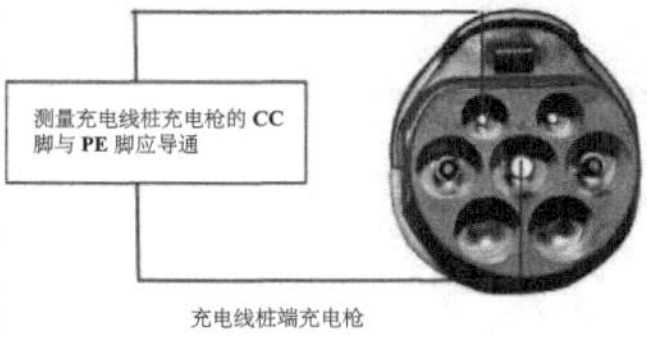
</td><td>万用表－蜂鸣挡</td><td>☑导通
□不导通
☑阻值小于
□阻值大于</td><td>0.5 Ω
0.5 Ω</td><td>□更换充电线总成
☑不更换</td></tr>
</table>

（4）请检查充电口盖开关状态。

表 4.10 充电口盖开关状态

	充电口盖状态	☑能正常开启和关闭 □不能正常开启和关闭

（5）请检查 DC/DC 转换器功能。

表 4.11 检查 DC/DC 转换器功能

<table>
<tr><td rowspan="5">第一步：
将点火开关置于 LOCK 挡，使用专用万用表测量低压蓄电池的电压</td><td>点火开关挡位</td><td>☑ LOCK □ ACC □ ON □ START</td></tr>
<tr><td>万用表挡位</td><td>☑电压挡 □电流挡</td></tr>
<tr><td>测量部位</td><td>☑低压蓄电池正负极
□ DC/DC 转换器低压输出端
□ DC/DC 转换器高压输入端</td></tr>
<tr><td>测量值</td><td>12 V 左右
（关闭车上的用电设备的情况下）</td></tr>
<tr><td>造成所测值高于规定值时的可能原因</td><td>1. 车上用电设备未关闭
2. 专用工具万用表测量值有误差
3. 低压蓄电池故障</td></tr>
<tr><td rowspan="5">第二步：
将点火开关置于 ON 挡，再次测量，这时所测的这个电压值是 DC/DC 转换器输出的电压</td><td>点火开关挡位</td><td>□ LOCK □ ACC ☑ ON □ START</td></tr>
<tr><td>万用表挡位</td><td>☑电压挡 □电流挡</td></tr>
<tr><td>测量部位</td><td>☑低压蓄电池正负极
□ DC/DC 转换器低压输出端
□ DC/DC 转换器高压输入端</td></tr>
<tr><td>测量值</td><td>13.8 V ~ 14 V
（关闭车上的用电设备的情况下）</td></tr>
<tr><td>造成所测值低于规定值时的可能原因</td><td>1. 车上用电设备未关闭
2. 专用工具万用表测量值有误差
3. DC/DC 转换器故障</td></tr>
</table>

五、质量检查

请实训指导教师检查本组作业结果，并针对实训过程出现的问题，提出改进措施及建议。

表 4.12 质量检查

序号	评价标准	评价结果
1	相关物品及资料交接齐全无误	
2	安全、规范完成维护保养工作	
3	根据用户用车情况对车辆充电系统外观及车载充电机功能进行检查	
4	使用万用表检查慢充充电线导通状态	
5	使用万用表检查 DC/DC 转换器的功能	
6	检查车况并在维修记录单签字	
综合评价	☆ ☆ ☆ ☆ ☆	
综合评语（作业问题及改进建议）		

六、评价反馈

请根据自己在课堂中的实际表现进行自我反思和自我评价。

自我反思：

自我评价：

七、实训成绩单

表 4.13 实训成绩单

项目	评分标准	分值	得分
接受工作任务	明确工作任务，准确记录客户及车辆信息	5	
信息收集	掌握工作相关知识及操作要点	15	
制订计划	计划合理可行	10	
计划实施	操作前做好场地设备工具的准备工作	5	
	能说出车载充电机上指示灯的含义	5	
	能根据指示灯判断车载充电机工作状态	10	
	能准确目测检查慢充充电线外观及插头状态	5	

（续表）

项目	评分标准	分值	得分
计划实施	能熟练运用万用表检测充电线导通状态并做好记录	10	
	能识别仪表充电指示灯并判断充电口盖开关状态	8	
	能运用万用表检查 DC/DC 转换器功能并做好记录	14	
	能在操作结束后整理清洁场地	3	
质量检查	按照要求完成相应任务	5	
评价反馈	经验总结到位，合理评价	5	
得分（满分 100）			

项目五　电动汽车动力电池系统维护保养

实训　动力电池拆卸与基本检查

表 5.1　实训目标

指导教师		参考学时	2 学时
实训目标	1. 能说出动力电池外观及接插件检查的要点 2. 能按照规范流程拆卸、安装动力电池包 3. 能使用工具规范拆卸电池外壳螺栓，并收集放好 4. 清楚动力电池检查的项目，能完成螺栓、密封条、模组保护壳、连接线束、预充电阻、单体和模组电压等项目的检查		

一、接受工作任务

客户王先生来到汽车服务有限公司做维护保养，王先生反映车辆最近经常在雨天行驶，仪表偶尔报动力电池断开和动力电池故障。维修技师刘强对车辆进行了检查，怀疑可能是动力电池内部问题，于是，对动力电池整体进行了检查。

二、知识复习

（1）动力电池系统通常由电池模组、电池管理系统（BMS）、动力电池箱体及其他辅助元器件等部分构成。

（2）动力电池系统的功能为：接收和储存由车载充电机、发电机、制动能量回收装置或外部充电装置提供的高压直流电，并且为电驱动系统及电辅助系统提供能量。

（3）请学习图 5.1 中各结构的名称。

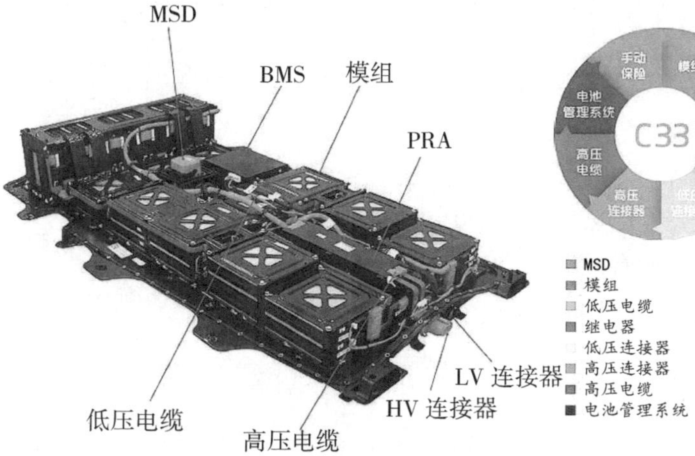

图 5.1　电池结构

（4）三元锂电池的“三元”指的是以 Ni、Co、Mn 或 Ni、Co、Al 三种金属元素为核心元素的正极材料。

（5）电池模块由若干个单体电池并联而成，该组合额定电压与电池单体的额定电压相等，是电池单体在物理结构和电路上连接起来的最小分组，可作为一个单元替换。

（6）北汽新能源 EV160 所用的 SK 电池模组由 3 个额定电压为 3.7 V 的单体电池并联为一个电池模块，由 91 个电池模块串联组成整辆汽车的电池模组。

（7）电池管理系统（BMS）是电池保护和管理的核心部件，在动力电池系统中，它的作用就相当于人的大脑。

（8）电动汽车动力电池主要性能指标包括：电池容量、荷电状态、比能量、能量密度、比功率和循环寿命等。

（9）电池管理系统的功能为：电池剩余电量估算、预测行驶里程、电池故障诊断系统、短路保护、显示报警功能、实时跟踪监测电池系统运行状态参数。

（10）当拆卸动力电池时，托举电池的设备名称是动力电池举升车（手推式液压举升机）。

（11）（判断）比功率是指单位质量或单位体积的电池释放的能量，单位 W · h/kg 或 W · h/L。（ × ）

（12）荷电状态的英文简写为 SOC，指剩余容量与总容量的百分比，描述电池剩余电量。

（13）在拆除动力电池母线后，需要进行验电、放电操作。

（14）动力电池的正极通断由电池管理系统（BMS）控制，负极由整车控制器（VCU）控制。

（15）（单选）动力电池功能丧失，请求其他控制器立即（1 s 内）停止充电或放电。如果其他控制器在指定时间内未做出响应，BMS 将在 2 s 后主动停止充电或放电，此状态属于（A）。

A. 一级故障　　B. 二级故障　　C. 三级故障　　D. 四级故障

（16）请查阅资料，复习各参数。

（17）动力电池系统安全性提升的关键环节为：结构安全、防爆安全、HV 连接可靠性、BMS 主动安全。

（18）下列属于电池组热管理系统主要功能的是（ABCDE）。

A. 电池温度的准确测量和监控

B. 电池组温度过高时的有效散热和通风

C. 低温条件下的快速加热

D. 有害气体产生时的有效通风

E. 保证电池组温度场的均匀分布

三、制订计划

（1）根据电动汽车维修要求，制订更换动力电池内部基本检查的作业计划。

表 5.2　制订作业计划

作业流程		
序号	作业项目	操作要点
1	举升车辆，检查动力电池外观及接插件	外观及接插件状态检查
2	拆卸动力电池包并掀盖	安全拆卸，注意高压
3	检查电池模组间的连接线束	戴好绝缘手套
4	检查模组外观	目视检查
5	测量每个模组电压是否正常	仪表挡位选择正确
6	测量预充电阻阻值	规范拆卸、测量
计划审核	审核意见： 年　　月　　日	签字：

（2）请根据维修作业计划，完成小组成员任务分工。

表 5.3 任务分工

操作人		记录员	
监护人		展示员	
作业注意事项			
① 实训开始前应摘掉戒指、手表和项链，脱去宽松的衣服，换上实训工装，长头发应挽起固定于脑后 ② 当多人作业，起动运转设备或机器时，必须事先发出起动操作信号，并确认安全后方可起动，并且机器设备运行时，身体及衣服应远离转动部件 ③ 按正确的方法使用状态良好的工具，使用后应立即清理 ④ 使用汽车举升机时应严格按照举升机的操作规程进行作业 ⑤ 整车实训时确保点火开关处于 LOCK 位置，操作另有要求除外 ⑥ 当就车工作时，应施加驻车制动（检查该部件时除外），除非特定操作要求置于其他挡位，否则应将挡位置于 N 位 ⑦ 当操作电池举升车时，请缓慢操作，扶好举升车托举平台 ⑧ 使用仪表前，戴好安全防护设备，预先调整好仪表挡位及量程，避免发生危险 ⑨ 在拆卸和检查电池内部时，切勿轻易触碰，按照要求操作			
检测设备 / 工具 / 材料			
序号	名称	数量	清点
1	北汽实训用车	1 辆	☑已清点
2	工装	1 套	☑已清点
3	护目镜	1 副	☑已清点
4	线手套	1 副	☑已清点
5	绝缘手套	1 副	☑已清点
6	安全帽	1 顶	☑已清点
7	螺丝刀	1 套	☑已清点
8	绝缘万用表	1 台	☑已清点
9	扭矩扳手	1 支	☑已清点
10	维修工具（棘轮）	1 套	☑已清点
11	抹布	1 块	☑已清点
12	动力电池举升车	1 台	☑已清点

四、计划实施

（1）车辆下电、举升后，检查动力电池外观及接插件状态。

表 5.4 计划实施

	车辆下电	☑是□否
	电池底部状态	□正常□磕碰□划伤□损坏
	高低压插件	□正常□变形□松脱□过热□损坏
	动力电池铭牌	□正常□脏污□缺失□损坏
	实施表面清洁	□是□否　工具：抹布

（2）按照流程拆下动力电池包整体。

表 5.5 拆下动力电池

	（1）连接气毂，升起动力电池举升车至合适位置并锁止轮子	☑完成□否	
	（2）调整电池举升车，使之托住动力电池底部	支点与电池底部接触情况	□留有空隙 □轻微接触 ☑稍有受力
	（3）拆卸动力电池固定螺栓，缓慢降下动力电池	螺栓数量	10 个
		注意事项	① 降下动力电池时，务必扶好举升车托盘 ② 无关人员切勿靠近

（3）将动力电池移出工位，清除动力电池外壳表面的灰尘。

表 5.6 清除动力电池

	（1）打开举升车车轮锁止开关，将旧电池移出工位	电池举升车气源连接状态	□连接 ☑断开
		举升车车轮锁止个数	□ 1 ☑ 2 □ 3 □ 4
	（2）清洁动力电池外壳表面灰尘	使用工具	☑抹布 □清洗剂
		清洁的原因	☑清理尘土 ☑祛除水渍

（4）拆卸动力电池外壳固定螺栓。

表 5.7　拆卸动力电池外壳固定螺栓

<table>
<tr><td rowspan="4"></td><td>使用工具</td><td>套筒扳手</td></tr>
<tr><td>规格</td><td>10 mm</td></tr>
<tr><td>螺栓个数</td><td>螺栓：67 个螺母：16 个</td></tr>
<tr><td>螺栓存放位置</td><td>□电池外壳上
☑零件盒内衣服口袋</td></tr>
</table>

（5）掀开动力电池外壳，检查动力电池模组连接线束是否完好。

表 5.8　检查动力电池模组连接线束

<table>
<tr><td rowspan="3"></td><td rowspan="3">（1）拆除动力电池外壳，检查密封条</td><td rowspan="2">密封条状态</td><td>☑完好□破损</td></tr>
<tr><td>破损位置：</td></tr>
<tr><td>密封条作用</td><td>隔绝空气及水分，保护动力电池</td></tr>
<tr><td rowspan="3"></td><td rowspan="3">（2）检查动力电池各连接线束是否完好</td><td>模组连接线</td><td>☑完好□破损</td></tr>
<tr><td>BMS 连接线</td><td>☑完好□破损</td></tr>
<tr><td>电池控制盒连线</td><td>☑完好□破损</td></tr>
</table>

（6）检查电池模组保护壳外观及固定情况。

表 5.9　检查电池模组保护壳外观

<table>
<tr><td rowspan="5">
电池单体数量</td><td>电池模块数量</td><td>91</td></tr>
<tr><td>电池单体数量</td><td>273</td></tr>
<tr><td>3P3S 的含义</td><td>三个电池单体并联，共三个并联组，然后三组再进行串联</td></tr>
<tr><td rowspan="2">模组外观检查结果</td><td>☑完好□破损</td></tr>
<tr><td>损坏模组位置：</td></tr>
</table>

（7）测量电池单体电芯及模组电压。

表 5.10　测量电池单体电芯及模组电压

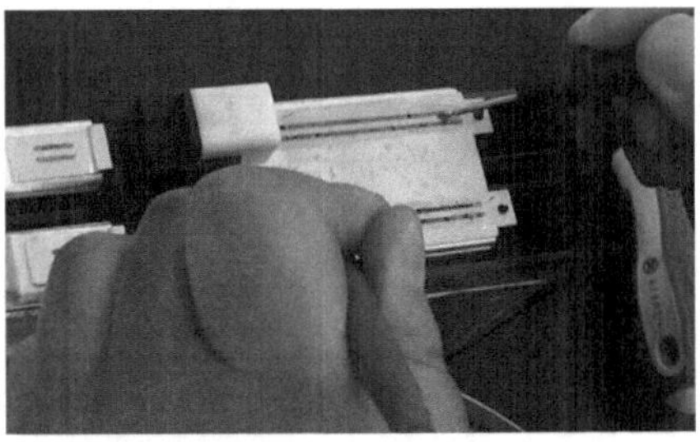	单体电芯电压 /V	3.82
	3P2S 模组电压 /V	7.64
	3P3S 模组电压 /V	11.45

（8）测量电池预充电阻阻值是否符合要求。

表 5.11　测量电池预充电阻阻值是否符合要求

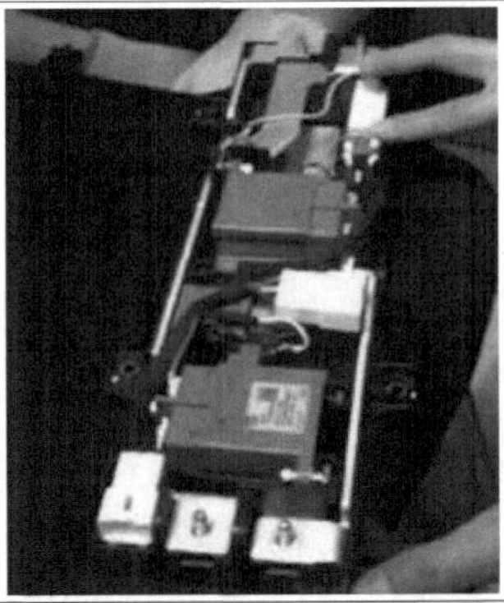	预充电阻功率 /W	60
	测量工具	万用表
	量程	200
	测得数据 /Ω	40
	预充电阻是否正常	☑正常□损坏

五、质量检查

请实训指导教师检查本组作业结果，并针对实训过程出现的问题提出改进措施及建议。

表 5.12　质量检查

序号	评价标准	评价结果
1	规范拆卸并清洁动力电池包	
2	规范拆卸动力电池上壳体	
3	安全检查电池模组间的连接线束	
4	目视检查模组外观	
5	准确测量每个模组电压，能判断是否正常	
6	测量预充电阻阻值	
综合评价	☆　☆　☆　☆　☆	
综合评语（作业问题及改进建议）		

六、评价反馈

请根据自己在课堂中的实际表现进行自我反思和自我评价。

自我反思：

自我评价：

七、实训成绩单

表 5.13 实训成绩单

项目	评分标准	分值	得分
接受工作任务	明确工作任务，理解任务在车辆维护保养中的重要程度	5	
信息收集	清楚动力电池系统的结构组成	3	
	了解动力电池预充电阻的作用	4	
	知道动力电池正负继电器的控制方式	4	
制订计划	制订动力电池拆卸及内部基本检查的作业计划	10	
	能协同小组人员安排任务分工	5	
	能在实施前准备好所需要的工具器材	5	
计划实施	拆卸动力电池，推移动力举升车时，配合默契，安全操作	4	
	使用抹布擦拭动力电池外壳表面，进行清洁	5	
	分工配合，拆除动力电池外壳固定螺栓	5	
	将拆除动力电池外壳的螺栓分类存放到规定地方	8	
	检查动力电池外壳边缘下方的密封胶条情况	8	
	检查 BMS、电池控制盒、模组间连接线束	5	
	清楚动力电池的结构组成，检查其外观情况	8	
	测量电池单体、模组的电压，判断其是否正常	5	
	测量电池控制盒内预充电阻阻值，判断其是否正常	2	
质量检查	学生任务完成，操作过程规范	10	
评价反馈	学生能对自身表现情况进行客观评价	2	
	学生在任务实施过程中发现自身问题	2	
得分（满分 100）			

项目六 电动汽车冷却系统维护保养

实训一 冷却系统的基本检查

表 6.1 实训目标

指导教师		参考学时	2 学时
实训目标	1. 能说出电动汽车冷却系统的结构及其作用 2. 能说出冷却液成分及其特性 3. 能说出冷却液定期更换的原因 4. 能检查冷却液液位是否正常并排查冷却系统是否有泄漏 5. 能使用冰点测试仪检测冷却液的浓度，并判断是否需要更换		

一、接受工作任务

客户王先生今日来店做维护保养。据其反映近期偶尔有仪表报驱动电机过热的情况，希望在维护保养过程中，维修技师能重点对车辆的冷却系统进行检查。维修技师刘强将此项任务交给了实习生王磊，王磊对该车的冷却系统进行了基本检查，并使用冰点检测仪检测了其冷却液的浓度。

二、知识复习

（1）电动汽车冷却系统的功用是把大功率用电设备在工作过程中产生的热量及时散发出去，保证它们在最适宜的温度状态下工作。

（2）纯电动汽车冷却系统的结构组成主要有：电动水泵、散热器、风扇、水管、膨胀水箱、控制器箱体水套组件、电机水套组件、冷却水管、冷却液等器件。

（3）请在图 6.1 中复习冷却系统各部件名称。

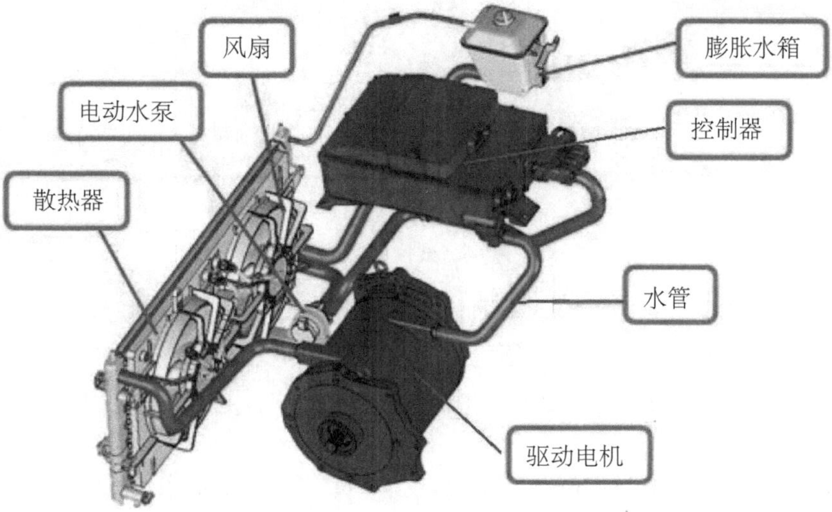

图 6.1 冷却系统部件

（4）散热器主要的作用是使冷却液在散热器中通过空气流动来散热，冷却风扇的主要作用是加速空气的流动，水泵的主要作用是加快冷却液的流动，温度传感器的主要作用是采集散热器出口的温度信息，然后提供给整车控制器。

（5）下列选项中，关于冷却系统电子风扇的说法不正确的是（B）。

A. 电子风扇采用左右两挡调速双风扇　　B. 电子风扇直接由蓄电池整体提供输入

C. 电子风扇直接由整车电源提供输入　　D. 电子风扇的运行受空调压力的影响

（6）纯电动汽车的主要热源包括电机控制器的热量和电机的热量 。

（7）冷却液是一种混合物，由水、抗冻剂和添加剂三部分组成。

（8）按照抗冻剂类型不同，可将冷却液分为：酒精型、甘油型、乙二醇，目前国内常使用的是乙二醇型 。

（9）冷却液的功能主要有：冬季防冻、防腐蚀、防水垢、防沸腾。

（10）冷却液检查，一是检查外观，二是检查冷却液冰点。冷却液冰点应该低于当地最低气温 10 ℃以上，才可保证安全使用。

（11）请查阅学习材料，在图 6.2 中找出冰点测试仪的各部件名称。

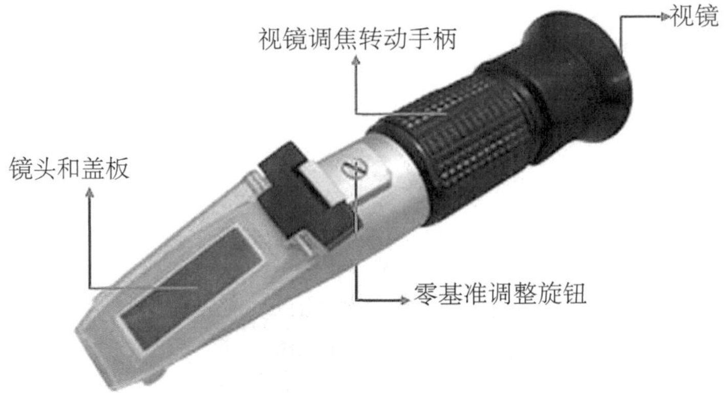

图 6.2 冰点测试仪的各部件名称

（12）（单选）在冷却液处于冷状态测量时，罐内的冷却液的高度应保持在（A）。

A.MAX 和 MIN 之间　　B.MAX 之上　　C.MIN 之下　　D. 以上都不对

（13）（判断）冷却液中含有添加剂和抗泡沫添加剂，这些添加剂一般不会失效，因此冷却液不需要更换。（ × ）

（14）（判断）检查冷却液，因为不涉及高压部件，因此整车不需要下电。（ × ）

（15）（判断）如果添加冷却液后在短时间内液位有下降，则说明冷却系统可能有泄漏。（√ ）

（16）（判断）泼溅到车身上的防冻液不会损坏漆面。（ × ）

（17）（判断）如果发现冷却液大量损耗，则必须待各高压部件处于冷态时方可添加冷却液，以免损坏各高压部件。（ √ ）

（18）（判断）随着电动汽车各高压部件温度的变化，冷却液储液灌中的液位不会随之变化。（ × ）

（19）（多选）检查冷却系统是否泄漏，需要的检查的部位是（ABCDE），如果仍然没有发现泄漏，则要对冷却系统进行加压测试。

A. 散热器　　B. 软管　　C. 加热器盖　　D. 散热器旋塞　　E. 水泵

20）（判断）冷却液在冷却系统中的流动主要依靠水泵的动力。（√）

三、制订计划

（1）根据车辆维护保养要求，制订针对车辆冷却系统的基本检查的作业计划。

表 6.2 制订计划

作业流程		
序号	作业项目	操作要点
1	检查冷却液液位	冷却液储液罐位置及标准液位
2	检查冷却液冰点	冰点测试仪的使用
3	检查冷却系统有无泄漏和损坏	冷却系统各部件检查

（续表）

计划审核	审核意见： 年　　月　　日　　　签字：

（2）请根据维修作业计划，完成小组成员任务分工。

表6.3　任务分工

操作人		记录员	
监护人		展示员	
作业注意事项			
（1）实训开始前应做好个人着装准备、场地准备和工具准备 （2）进入车内操作前，应先铺好维护保养三件套 （3）在进行前机舱操作之前，应先铺设翼子板防护垫 （4）当多人作业，起动运转设备或机器时，必须事先发出起动操作信号，并确认安全后方可起动，并且机器设备运行时，身体及衣服应远离转动部件 （5）当使用冰点检测仪时仔细阅读使用说明，避免不当操作造成仪器的损坏和测量不准确 （6）在打开散热器密封盖时，可能有热蒸汽溢出。戴好护目镜并穿上防护服，以免伤害眼睛和烫伤。用抹布盖住密封盖并小心打开 （7）当冷却系统温度高于环境温度时，请勿打开散热器盖，否则热的蒸汽或沸腾的冷却液会从散热器中飞溅出来对人体造成伤害 （8）在加注时，应避免泼溅到车身上，冷却液会损坏漆面			
检测设备／工具／材料			
序号	名称	数量	清点
1	北汽实训用车	1辆	☑已清点
2	绝缘工具箱	1箱	☑已清点
3	冰点测试仪	1套	☑已清点
4	高压防护用具	1套	☑已清点
5	隔离柱	4个	☑已清点
6	警戒线	1卷	☑已清点
7	警示标识牌	1套	☑已清点
8	维护保养三件套	1套	☑已清点
9	翼子板防护垫	1个	☑已清点
10	实训工装	1套	☑已清点
11	线手套	1双	☑已清点
12	抹布	1块	☑已清点

四、计划实施

（1）请完成纯电动汽车维修作业前检查及车辆防护，并记录信息。

①维修作业前现场环境检查。

表 6.4 现场环境检查

	作业内容： 检查绝缘垫，设立隔离柱，布置警戒线，张贴警示牌 作业结果： 现场环境达标，隔离距离正常，警示标牌清晰

②维修作业前防护用具检查。

表 6.5 防护用具检查

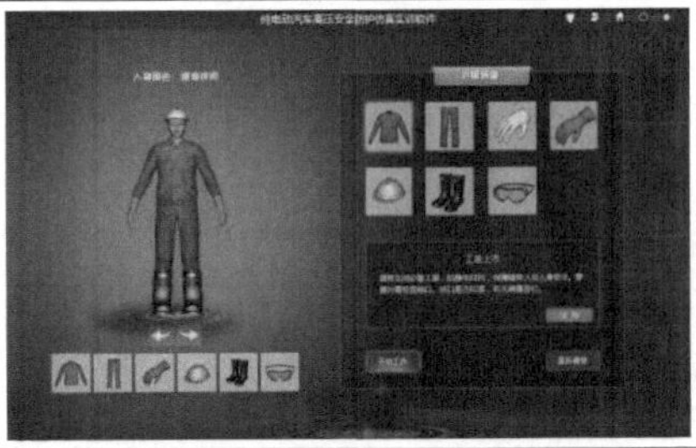	作业内容： 绝缘手套、绝缘鞋、护目镜、安全帽外观及性能检查 作业结果： 外观检查良好，绝缘手套及绝缘鞋技术参数合格

③维修作业前仪表工具检查。

表 6.6 仪表工具检查

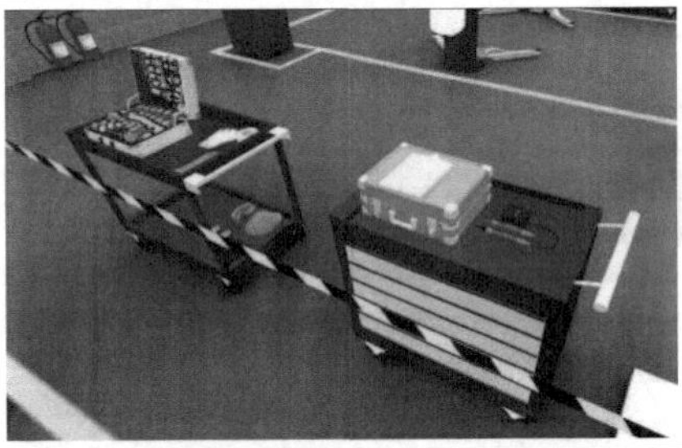	作业内容： 冰点测试仪、绝缘工具箱外观及性能检查 作业结果： 外观检查良好，绝缘万用表及放电工装性能正常

④维修作业前实施车辆防护。

表 6.7 实施车辆防护

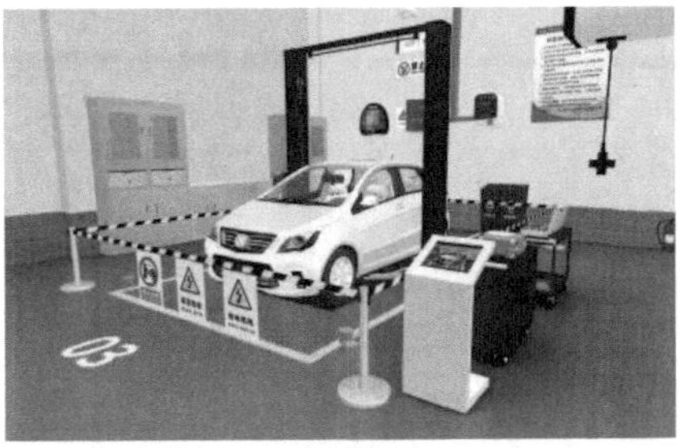	作业内容： 铺设翼子板防护垫、汽车维修三件套、脚垫 作业结果： 车辆防护实施完毕，可以进行故障诊断维修任务

（2）请检查冷却液液位。

表 6.8 检查冷却液液位

冷却液状态	冷却液液位	是否正常	颜色
☑冷 □热	□高于 MAX 线 ☑ MAX 和 MIN 线之间 □低于 MIN 线	☑是 □否	
注意事项	①如果冷却液液位低，则需添加冷却液 ②如果添加冷却液后在短时间内液位有下降，则表示冷却系统发生了泄漏，应检查泄漏点并排除		

（3）请检查冷却液冰点。

表 6.9 检查冷却液冰点

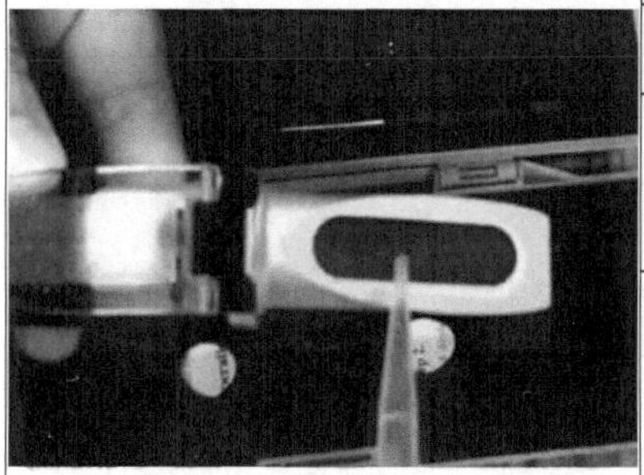

仪器设备	读取数值	是否需要更换
冰点测试仪		□是 ☑否
规定冷却液含量	规定冷却液防冻温度	
50% ± 5%	一般情况：-25 ℃以下 极寒地区：最低至约 -35 ℃	
操作步骤	1. 使用冰点测试仪时，用柔软的线布将盖板及棱镜表面擦拭干净 2. 将待测液体用吸管滴于棱镜表面，合上盖板轻轻按压 3. 将冰点测试仪对向明亮处，旋转目镜使视场内刻度线清晰 4. 读出明暗分界线在标示板上相应标尺上的数值	

（4）请检查冷却系统有无泄漏和损坏。

表 6.10 检查冷却系统

检查泄漏部位	检查结果	具体位置及故障描述
软管	☑正常 □异常	
零部件接口	☑正常 □异常	
散热器	☑正常 □异常	
水泵	☑正常 □异常	
风扇	☑正常 □异常	

五、质量检查

请实训指导教师检查本组作业结果，并针对实训过程出现的问题提出改进措施及建议。

表 6.11　质量检查

序号	评价标准	评价结果
1	相关物品及资料交接齐全无误	
2	安全、规范完成维护保养工作	
3	根据用户用车情况对车辆冷却液液位、冷却系统是否有泄漏损坏等情况进行检查	
4	使用冰点测试仪检测冷却液冰点	
5	检查车况并在维修记录单签字	
综合评价	☆ ☆ ☆ ☆ ☆	
综合评语（作业问题及改进建议）		

六、评价反馈

请根据自己在课堂中的实际表现进行自我反思和自我评价。

自我反思：

自我评价：

七、实训成绩单

表 6.12　实训成绩单

项目	评分标准	分值	得分
接受工作任务	明确工作任务，准确记录客户及车辆信息	5	
信息收集	掌握工作相关知识及操作要点	15	
制订计划	计划合理可行	10	
计划实施	操作前做好场地设备及材料工具的准备工作	5	
	能说出冷却液加注的标准液位并判断是否需要添加	5	
	能说出冷却液的作用及车辆对其性能的要求	5	
	能正确使用冰点测试仪检测冷却液的冰点	8	
	能在使用后将冰点测试仪合理存放	5	
	能给车辆添加冷却液	6	
	能正确检查冷却系统是否有泄漏	6	
	能熟练清洁冷却系统内部和外部	10	
	能在整个操作过程中规范操作，避免意外事故发生	5	

（续表）

项目	评分标准	分值	得分
	能在操作结束后整理清洁场地	5	
质量检查	按照要求完成相应任务	5	
评价反馈	经验总结到位，合理评价	5	
得分（100 分）			

实训二　冷却液的更换

表 6.13 实训目标

指导教师		参考学时	2 学时
实训目标	1. 能安全规范地完成冷却液的排放，并按要求规范处理废液 2. 能采用正确的清洗方法清洁冷却系统 3. 能熟练的给冷却系统添加冷却液至合理位置 4. 能说出冷却液更换或添加时的注意事项		

一、接受工作任务

客户王先生今日来店做维护保养，要求重点检查车辆的冷却系统。王磊对该车的冷却系统进行了基本检查，在检查过程中发现冷却液需要更换，于是，对该车的冷却系统进行了清洗，并更换了冷却液。

二、知识复习

（1）透明的冷却液储液罐位于前机舱内 。

（2）（多选）一般情况下，冷却液的更换周期为（AB）。

A.30 000 ~ 40 000 km　　B.20 000 km 左右　　C. 3 年左右　　D.4 年左右

（3）当打开散热器密封盖时，应戴好护目镜并穿上防护服，用抹布盖住密封盖并小心打开，以免伤害眼睛和烫伤。

（4）（判断）电动汽车冷却系统的清洗目的是排除旧冷却液，防止污染新加注的冷却液。（×）

（5）请复习下列冷却系统内部清洗的方法步骤。

① 要确保主电机停机并处于冷却状态，取下散热器盖；

② 打开散热器底部的排放塞，排空旧的冷却液；

③ 关上排放塞并给冷却系统注入干净的水，并添加适量清洗剂。注意不要超过膨胀水箱的“MAX—”标线；

④ 起动主电机，空转主电机 30 分钟（或者按照清洁剂指示进行操作）；

⑤ 关掉主电机冷却 5 分钟，将散热器内液体排空；

⑥ 关上排放塞，再次给膨胀水箱注满清水并让主电机空转 5 分钟后排空，检查排出的水必须干净，否则重复清洗。

（6）冷却液中含有重要的防腐剂，冷却液中冷却液的成分应常年维持在 50% ± 5%。

（7）如果冷却液不慎与皮肤或眼睛接触，需立即用大量清水冲洗。

（8）（单选）清洗车辆冷却系统时，为达到最佳清洁效果，清洗时应保持各部件（B）。

A. 高于正常工作温度　　B. 达正常工作温度

C. 低于正常工作温度　　D. 随便一个温度

（9）（多选）当出现水泵异响时，可能的故障原因为（ABCD）。

A. 冷却液杂质，导致电动水泵卡滞　　B. 泵轮破坏，造成水泵异响

C. 冷却液缺失，水泵空转

D. 水泵高速运行，控制器或线束故障

E. 进风口堵塞

（10）当电动水泵破损，泵盖 / 密封圈 / 泵轮破坏时，应更换电动水泵，留存故障件。

三、制订计划

（1）根据车辆维护保养要求，制订更换冷却液的作业计划。

表 6.14 作业计划

作业流程		
序号	作业项目	操作要点
1	排放出冷却系统中的冷却液	冷却液的排放
2	清洗冷却系统	清洗冷却系统的方法
3	向冷却系统中加注冷却液	冷却液的加注
计划审核	审核意见: 年　月　日　签字:	

（2）请根据维修作业计划，完成小组成员任务分工。

表 6.15 任务分工

操作人		记录员	
监护人		展示员	
作业注意事项			

（续表）

（1）实训开始前应做好个人着装准备、场地准备和工具准备 （2）进入车内操作前，应先铺好维护保养三件套 （3）在进行前机舱操作之前，应先铺设翼子板防护垫 （4）当多人作业，起动运转设备或机器时，必须事先发出起动操作信号，并确认安全后方可起动，并且机器设备运行时，身体及衣服应远离转动部件 （5）当使用冰点检测仪时仔细阅读使用说明，避免不当操作造成仪器的损坏和测量不准确 （6）在打开散热器密封盖时，可能有热蒸汽溢出。戴好护目镜并穿上防护服，以免伤害眼睛和烫伤。用抹布盖住密封盖并小心打开 （7）当冷却系统温度高于环境温度时，请勿打开散热器盖，否则热的蒸汽或沸腾的冷却液会从散热器中飞溅出来对人体造成伤害 （8）在加注时，应避免泼溅到车身上，冷却液会损坏漆面 （9）注意收集溢出或泄漏的防冻液

检测设备 / 工具 / 材料			
序号	名称	数量	清点
1	北汽实训用车	1 辆	☑已清点
2	绝缘工具箱	1 箱	☑已清点
3	冷却液	1 桶	☑已清点
4	散热器清洗剂	1 瓶	☑已清点
5	废液收集盘	1 个	☑已清点
6	高压防护用具	1 套	☑已清点
7	隔离柱	4 个	☑已清点
8	警戒线	1 卷	☑已清点
9	警示标识牌	1 套	☑已清点
10	维护保养三件套	1 套	☑已清点
11	翼子板防护垫	1 个	☑已清点
12	实训工装	1 套	☑已清点
13	线手套	1 双	☑已清点
14	抹布	1 块	☑已清点

四、计划实施

（1）请完成纯电动汽车维修作业前检查及车辆防护，并记录信息。

① 维修作业前，现场环境检查。

表 6.16 环境检查

	作业内容: 检查绝缘垫，设立隔离柱，布置警戒线，张贴警示牌 作业结果: 现场环境达标，隔离距离正常，警示标牌清晰

② 维修作业前防护用具检查。

表 6.17 防护用具检查

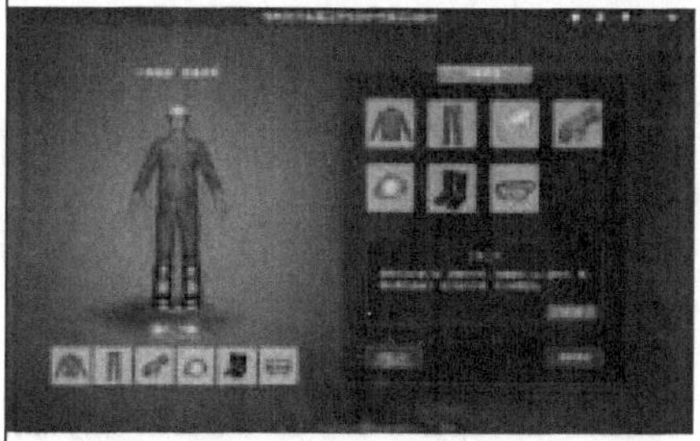	作业内容: 绝缘手套、绝缘鞋、护目镜、安全帽外观及性能检查 作业结果: 外观检查良好，绝缘手套及绝缘鞋技术参数合格

③ 维修作业前仪表工具检查。

表 6.18 仪表工具检查

	作业内容: 抹布、废液收集盘、冷却液、散热器清洗剂外观及性能检查 作业结果: 外观检查良好，绝缘万用表及放电工装性能正常

④ 维修作业前实施车辆防护。

表 6.19 车辆防护

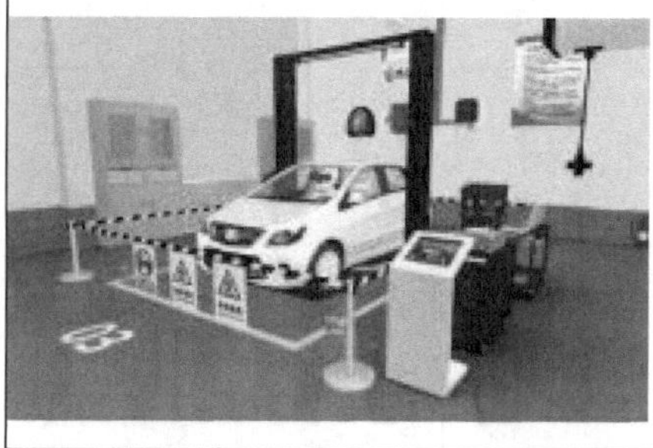	作业内容: 铺设翼子板防护垫、汽车维修三件套、脚垫 作业结果: 车辆防护实施完毕，可以进行故障诊断维修任务

（2）请排放冷却液。

表 6.20 请排放冷却液

<table>
<tr><td rowspan="3">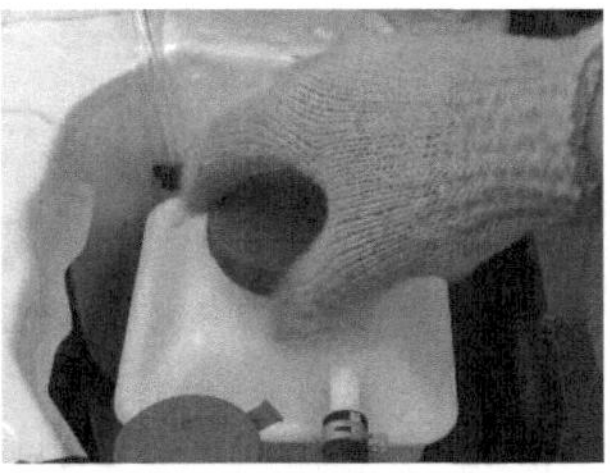</td><td rowspan="3">（1）打开储液罐密封盖</td><td>更换周期</td><td colspan="2">2 年</td></tr>
<tr><td>冷却液状态</td><td colspan="2">✓冷 □热</td></tr>
<tr><td>注意事项</td><td colspan="2">戴好护目镜并穿上防护服</td></tr>
<tr><td rowspan="2">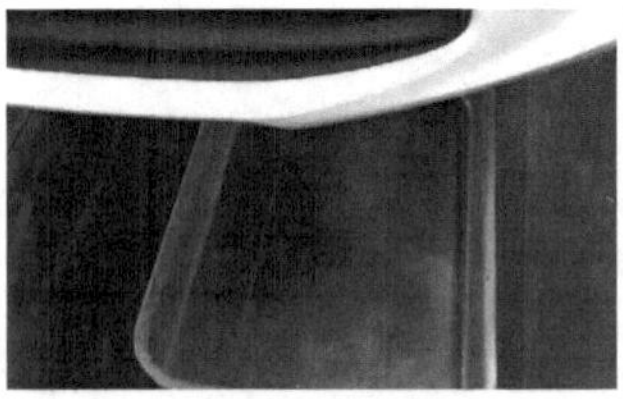</td><td rowspan="2">（2）举升车辆并将车辆状态熄火，废液收集盘置于车下</td><td>举升高度</td><td></td><td>一人高左右</td></tr>
<tr><td>注意事项</td><td colspan="2">（1）举升车辆过程中，车底禁止站人
（2）废液收集盘对准出液口，防止液体溅出</td></tr>
<tr><td rowspan="2">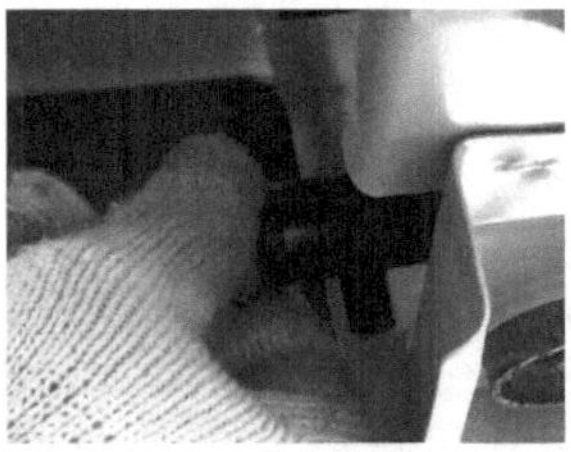</td><td rowspan="2">（3）松开散热器冷却液排放螺栓</td><td colspan="2">螺栓旋转方向</td><td>逆时针方向</td></tr>
<tr><td>注意事项</td><td colspan="2">冷却液有毒，防止接触人体</td></tr>
<tr><td rowspan="2"></td><td rowspan="2">（4）排放出系统中的冷却液</td><td colspan="2">可否再次使用</td><td>□是 ☑否</td></tr>
<tr><td>注意事项</td><td colspan="2">做好废液的回收处理</td></tr>
</table>

（3）请对冷却系统进行清洗。

表 6.21 对冷却系统进行清洗

<table>
<tr><td rowspan="2"></td><td colspan="2">所需设备 / 素材</td><td>清洗剂、清水、废液盆、高压气枪</td></tr>
<tr><td rowspan="3">系统内部</td><td colspan="2">（1）起动车辆，使冷却液温度达到正常的工作温度，关闭车辆，放尽冷却液。将<u>清洗液</u>加入冷却系统中</td></tr>
<tr><td></td><td colspan="2">（2）起动车辆，待各高压部件达到正常工作温度后，保持 <u>20 min</u>，然后关闭车辆，放出清洗液</td></tr>
<tr><td></td><td colspan="2">（3）加入清洁的水，起动车辆冲洗冷却系统 <u>5 min</u> 后放出，如果排除的液体较脏，则继续用清水清洗直到放出清水为止</td></tr>
<tr><td>注意事项</td><td colspan="3">① 为达到最佳清洁效果，清洗时应保持各部件达正常工作温度
② 注意废旧液体的处理，避免污染环境</td></tr>
<tr><td></td><td>散热片外部</td><td colspan="2">使用<u>压缩空气</u>从散热器后部（电机侧）冲走散热器或空调冷凝器的碎屑</td></tr>
<tr><td>注意事项</td><td colspan="3">① 待电机冷却后，再清洁
② 严禁使用水枪对散热器散热片喷水清洗</td></tr>
</table>

（4）请加注冷却液。

表 6.22 加注冷却液

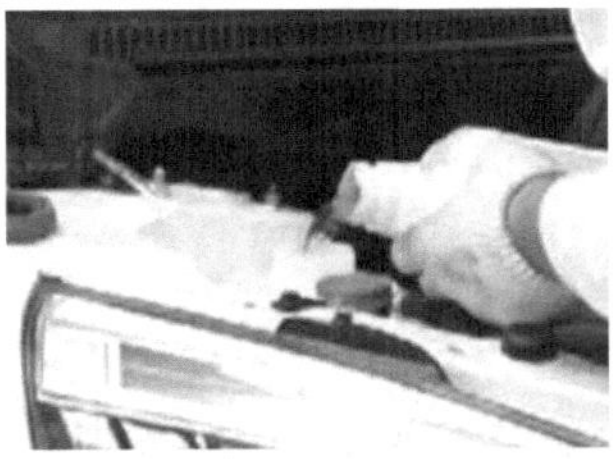	（1）加注冷却液	可否混合使用	□是 ☑否
		北汽新能源指定冷却液防冻温度	一般情况：-25 ℃ 极寒地区：-35 ℃
		加注截至位置	加满储液罐
	（2）开启电动水泵，带动冷却系统循环，再向储液罐中复习冷却液	电动水泵每次运行时间	2 ~ 3 分钟
		可否用水代替冷却液	□是 ☑否
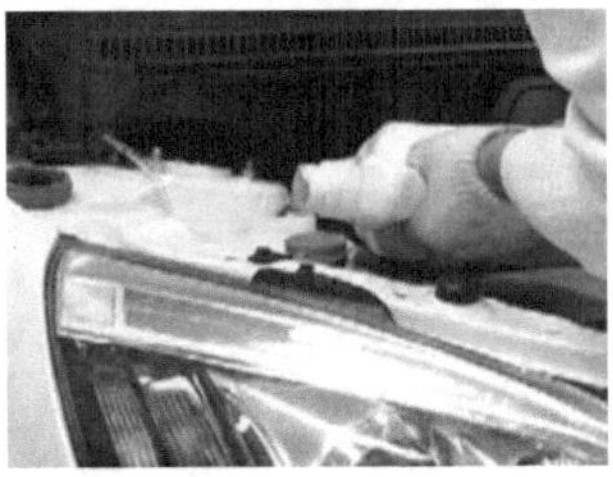	（3）重复加注冷却液，直至达到总加注量要求。然后向储液罐中加注至上限位置	冷却液总加注量	6 L
		冷却液上限	☑ MAX □ MIN

五、质量检查

表 6.23 质量检查

序号	评价标准	评价结果
1	相关物品及资料交接齐全无误	
2	安全、规范完成维护保养工作	
3	根据车辆实际情况更换冷却液	
4	使用散热器清洗剂对冷却系统进行清洗	
5	检查车况并在维修记录单签字	
综合评价	☆ ☆ ☆ ☆ ☆	
综合评语（作业问题及改进建议）		

六、评价反馈

请根据自己在课堂中的实际表现进行自我反思和自我评价。

自我反思：

自我评价：

七、实训成绩单

表 6.24 实训成绩单

项目	评分标准	分值	得分
接受工作任务	明确工作任务，准确记录客户及车辆信息	5	
信息收集	掌握工作相关知识及操作要点	15	
制订计划	计划合理可行	10	
计划实施	操作前做好场地设备及材料工具的准备工作	5	
	能说出冷却液定期更换的原因	5	
	能选择合适的冷却液	5	
	能按规定完成排放冷却液的操作	10	
	能熟练清洁冷却系统内部和外部	10	
	能按照规定完成加注冷却液的操作	10	
	能在整个操作过中规范操作，避免意外事故发生	10	
	能在操作结束后整理清洁场地	5	
质量检查	按照要求完成相应任务	5	
评价反馈	经验总结到位，合理评价	5	
得分（满分 100）			

项目七 电动汽车底盘维护保养

实训一 电动汽车底盘基本检查

表 7.1 实训目标

指导教师		参考学时	2 学时
实训目标	1. 正确检查驱动半轴万向节防护套有无泄漏或损坏情况 2. 检查电池及驱动电机外观和固定情况，按规定力矩拧紧动力电池螺栓 3. 正确检查车厢底部、轮罩和边缘，并能确定其是否需要维修 4. 检查驱动电机及减速器前悬支架的固定螺栓，能按照规定力矩拧紧 5. 了解减速器的几个油孔名称，能完成减速器漏油检查 6. 正确检查横拉杆保护套有无老化、破损，能判断其是否需要修复或更换 7. 正确检查悬挂支架与车身连接固定螺栓情况，能按照规定力矩拧紧 8. 正确检查车辆悬挂避震情况，并能判断其是否需要维修		

一、接受工作任务

客户张先生来到汽车服务有限公司做维护保养，由于张先生经常在一些不平路段行驶，于是维修技师刘强对车辆的底盘进行了重点检查。

二、知识复习

（1）传统汽车底盘由传动系、行驶系、转向系和制动系四部分组成。

（2）（判断）汽车的传动系一般由汽车的车架、车桥、车轮和悬架等组成。（ × ）

（3）（判断）电动汽车底盘和传统汽车底盘构成和作用基本一样，没有什么区别。（ × ）

（4）汽车的底盘工作环境恶劣，大多数零部件工作在裸露、高速旋转、频繁工作状态下，容易受复杂外力、温度等的影响，关系到车辆正常运转和驾驶的平稳性、乘坐的舒适性以及安全性。

（5）悬架系统的作用是弹性的连接车桥和车架，缓和行驶中车辆受到的冲击力，衰减由弹性系统引进的振动，使汽车在行驶过程中保持稳定提高舒适性及操作稳定性。

（6）（多选）下列选项中属于检查减震器时的项目的是（ABCD）。

A. 检查减震弹簧上下座是否有松脱、开裂现象

B. 检查前后减震器是否有漏油

C. 防尘罩是否有裂纹

D. 油封是否有破坏

（7）（判断）检查底盘时，还需要检查驱动电机及减速器在前悬支架的紧固情况。（√）

（8）轿车一般前轮为转向驱动轮，驱动轮毂与差速器之间通过半轴相连接，其两端为等速万向节。

（9）方向机和转向节通过转向连接机构连接在一起。

（10）在日常的洗车当中，注意不要用碱性清洗剂、洗衣粉等冲洗车身和底盘，否则会影响防锈效果并缩短防锈时间。

（11）图中箭头指示的部件名称为：横拉杆球头总成 。

图 7.1　横拉杆球头总成

（12）汽车悬架类型可分为：非独立式悬挂、独立式悬挂。

三、制订计划

（1）根据电动汽车底盘检查的要求，制订作业计划。

表 7.2 作业计划

作业流程		
序号	作业项目	操作要点
1	万向节防护套，高压线缆是否破损	目测检查
2	车身底部及驱动电机等是否有磕碰	目测检查
3	前悬支架、电池等固定螺栓紧固情况	按规定力矩拧紧
4	车辆悬挂减震情况	按压检查
计划审核	审核意见： 年 月 日 签字：	

（2）请根据维修作业计划，完成小组成员任务分工。

表 7.3 任务分工

操作人		记录员	
监护人		展示员	
作业注意事项			
（1）实训开始前应摘掉戒指、手表和项链，脱去宽松的衣服，换上实训服，长头发应挽起固定于脑后 （2）当多人作业，起动运转设备或机器时，必须事先发出起动操作信号，并确认安全后方可起动，并且机器设备运行时，身体及衣服应远离转动部件 （3）按正确的方法使用状态良好的工具，使用后应立即清理 （4）当使用汽车举升机时应严格按照举升机的操作规程进行作业 （5）整车实训时确保点火开关处于 LOCK 位置，操作另有要求除外 （6）当就车工作时，应施加驻车制动（检查该部件时除外），除非特定操作要求置于其他挡位，否则应将挡位置于 N 位 （7）扭力扳手是在拧紧固件（螺栓、螺母）时测量其拧紧力矩用的，绝不能去拆已拧紧的紧固件。不能敲打、磕碰或另作他用 （8）在扳手手柄上尽量使用拉力（力向上）而不要用推力（力向下）。要调整好操作姿势，防止操作失败时人员意外伤害 （9）使用时应严禁在尾部加套管或长柄，有专用配套附件（套管或长柄）除外 （10）使用前后，扳手应存放于专用盒内，不可随处放置			

（续表）

检测设备 / 工具 / 材料			
序号	名称	数量	清点
1	北汽实训用车	1 辆	☑已清点
2	工装	1 套	☑已清点
3	线手套	1 副	☑已清点
4	安全帽	1 个	☑已清点
5	护目镜	1 副	☑已清点
6	扭矩扳手	1 支	☑已清点
7	维修工具（套筒）	1 套	☑已清点
8	手电筒	1 个	☑已清点

四、计划实施

（1）举升车辆，目测传动轴万向节防护套有无泄漏或损坏。

表 7.4 计划实施

<table>
<tr><td rowspan="4"></td><td rowspan="4">（1）检查万向节防护套外观</td><td>左前轮</td><td>□完好□破损</td></tr>
<tr><td>右前轮</td><td>□完好□破损</td></tr>
<tr><td>右后轮</td><td>□完好□破损</td></tr>
<tr><td>左后轮</td><td>□完好□破损</td></tr>
<tr><td rowspan="4"></td><td rowspan="4">（2）检查万向节是否有漏油现象</td><td>左前轮</td><td>□无渗漏□漏油</td></tr>
<tr><td>右前轮</td><td>□无渗漏□漏油</td></tr>
<tr><td>右后轮</td><td>□无渗漏□漏油</td></tr>
<tr><td>左后轮</td><td>□无渗漏□漏油</td></tr>
<tr><td rowspan="4"></td><td rowspan="4">（3）检查万向节轴卡箍</td><td>左前轮</td><td>□无渗漏□漏油</td></tr>
<tr><td>右前轮</td><td>□无渗漏□漏油</td></tr>
<tr><td>右后轮</td><td>□无渗漏□漏油</td></tr>
<tr><td>左后轮</td><td>□无渗漏□漏油</td></tr>
</table>

（2）目测车身底部及驱动电机是否有磕碰、损坏。

表 7.5 目测车身底部

<table>
<tr><td rowspan="4"></td><td rowspan="4">（1）检查动力电池外观及固定情况</td><td>外观</td><td>□无磕碰、凹陷
□有明显损伤</td></tr>
<tr><td rowspan="3">固定螺栓紧固情况</td><td>□正常　　□松动</td></tr>
<tr><td>工具规格：18 mm</td></tr>
<tr><td>拧紧力矩：95 ~ 105 N · m</td></tr>
<tr><td></td><td>（2）检查驱动电机外观</td><td>外观</td><td>□无磕碰、凹陷
□有明显损伤</td></tr>
</table>

（3）目测车厢底部、轮罩和边缘是否有磕碰、损坏。

表 7.6 目测车厢底部

<table>
<tr><td rowspan="5"></td><td rowspan="4">检查轮罩和边缘外观</td><td>左前轮</td><td>□完好</td><td>□损坏</td></tr>
<tr><td>右前轮</td><td>□完好</td><td>□损坏</td></tr>
<tr><td>右后轮</td><td>□完好</td><td>□损坏</td></tr>
<tr><td>左后轮</td><td>□完好</td><td>□损坏</td></tr>
<tr><td colspan="2">是否需要维修</td><td>□是</td><td>□否</td></tr>
</table>

（4）检查驱动电机及减速器前悬支架的固定螺栓，按照规定力矩拧紧。

表 7.7 检查驱动电机

<table>
<tr><td rowspan="9">
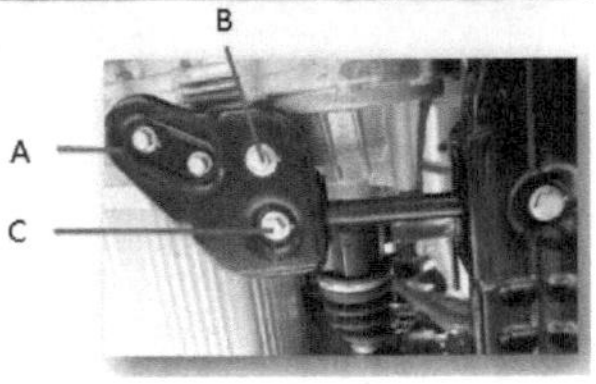</td><td rowspan="9">检查驱动电机及减速器前悬支架螺栓</td><td colspan="2">螺栓数量：4</td></tr>
<tr><td colspan="2">工具规格及拧紧力矩：</td></tr>
<tr><td colspan="2">A：13 mm（两个），50 ~ 60 N · m</td></tr>
<tr><td>□正常</td><td>□松动</td></tr>
<tr><td colspan="2">B：15 mm，70 N · m</td></tr>
<tr><td>□正常</td><td>□松动</td></tr>
<tr><td colspan="2">C：15 mm，80 ~ 90 N · m</td></tr>
<tr><td>□正常</td><td>□松动</td></tr>
</table>

（5）拆卸下护板，检查减速器是否漏油。

表 7.8　拆卸护板

<table>
<tr><td rowspan="2">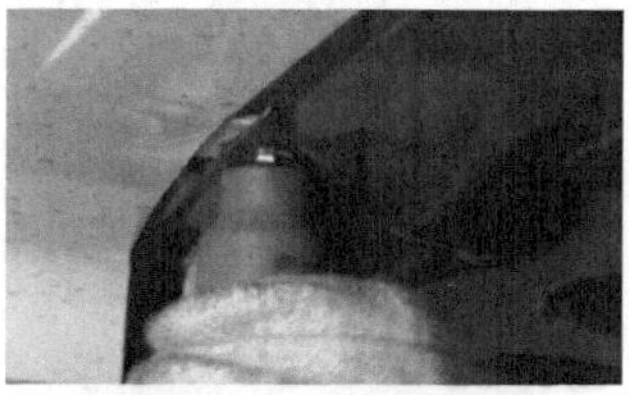</td><td></td><td>作用：
保护驱动电机、减速器、真空泵、压缩机等零部件</td></tr>
<tr><td></td><td>作用：
保护动力电池高低压母线，防止遇水溅入</td></tr>
<tr><td rowspan="2"></td><td>
</td><td>图中 1、2 的名称是：
1：　放油螺栓
2：　油位螺栓</td></tr>
<tr><td colspan="2">是否有漏油现象：□是　　　　□否
漏油位置：________________</td></tr>
</table>

（6）检查车辆高压线缆保护套有无进水、老化、破损。

表 7.9　检车车辆高压线缆

<table>
<tr><td rowspan="5"></td><td colspan="4">检查位置</td></tr>
<tr><td>慢充线束</td><td>动力电池母线</td><td>空调压缩机电源线</td><td>电机 UVW 三相线</td></tr>
<tr><td colspan="4">检查结果</td></tr>
<tr><td>□完好
□破损</td><td>□完好
□破损</td><td>□完好
□破损</td><td>□完好
□破损</td></tr>
<tr><td colspan="4">处理结果：________________</td></tr>
</table>

（7）检查悬架支架与车身连接固定螺栓情况。

表 7.10　检查悬架支架

<table>
<tr><td rowspan="3">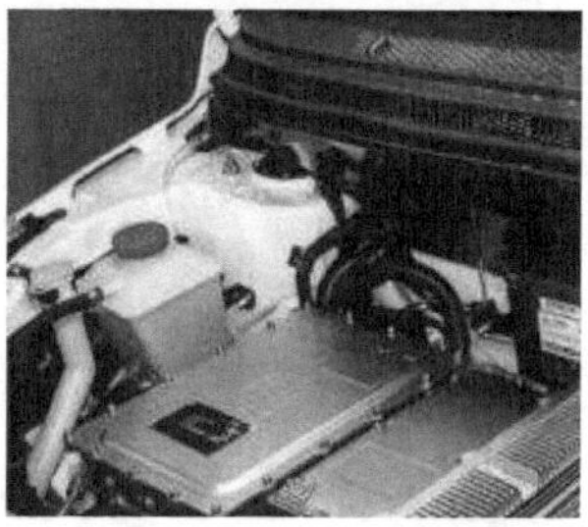</td><td rowspan="3">检查支架与车身悬置连接螺栓</td><td>□正常　　　　□松动</td></tr>
<tr><td>工具规格：　15 mm　</td></tr>
<tr><td>拧紧力矩：　65 ± 5　N · m</td></tr>
</table>

（8）按压车辆，观察车辆悬挂避震情况。

表 7.11 按压车辆

	左前轮	□偏软	□偏硬	□适中
	右前轮	□偏软	□偏硬	□适中
	右后轮	□偏软	□偏硬	□适中
	左后轮	□偏软	□偏硬	□适中

五、质量检查

请实训指导教师检查本组作业结果，并针对实训过程出现的问题提出改进措施及建议。

表 7.12 质量检查

序号	评价标准	评价结果
1	目测检查万向节防护套	
2	目测检查车身底部及驱动电机	
3	目测检查车厢底部、轮罩和边缘	
4	使用扭矩扳手检查驱动电机及减速器前悬支架的固定螺栓	
5	目测检查减速器是否漏油	
6	目测检查高压线缆保护套	
7	使用扭矩扳手检查悬挂支架与车身连接固定螺栓	
8	按压车辆，检查车辆悬挂避震	
综合评价	☆ ☆ ☆ ☆ ☆	
综合评语（作业问题及改进建议）		

六、评价反馈

请根据自己在课堂中的实际表现进行自我反思和自我评价。

自我反思：

自我评价：

七、实训成绩单

表 7.13　实训成绩单

项目	评分标准	分值	得分
接受工作任务	明确工作任务，理解任务在车辆维护保养中的重要程度	5	
信息收集	知道电动汽车底盘清洗及防护方法	5	
	熟悉电动汽车底盘转向节、半轴、悬挂等结构	8	
	知道悬挂的几种类型和应用车型	6	
制订计划	制订底盘检查的作业计划。	10	
	能协同小组人员安排任务分工	5	
	能在实施前准备好所需要的工具器材	5	
计划实施	正确检查万向节防护套有无泄漏或损坏情况	8	
	正确检查电池及驱动电机外观和固定情况	3	
	按规定力矩拧紧动力电池固定螺栓	8	
	正确检查车厢底部、轮罩和边缘并确定其是否需要维修	2	
	按照规定力矩拧紧电机及减速器前悬支架的固定螺栓	8	
	了解减速器的几个油孔名称，完成减速器漏油检查	2	
	清楚底盘高压线缆检查项目，正确检查保护套有无进水、老化、破损，并能判断其是否需要修复或更换	5	
	按照规定力矩拧紧悬挂支架与车身连接的固定螺栓	3	
	正确检查车辆悬挂避震情况，并判断其是否需要维修	3	
质量检查	学生任务完成，操作过程规范	10	
评价反馈	学生能对自身表现情况进行客观评价	2	
	学生在任务实施过程中发现自身问题	2	
得分（满分 100）			

实训二　减速器油的更换

表 7.14　实训目标

指导教师		参考学时	2 学时
实训目标	1. 能规范检查减速器外观以及是否有漏油 2. 能规范拆除减速器排油螺塞，并用废液桶收集废液 3. 能规范涂抹规定型号的密封胶至螺塞的适当位置 4. 能规范操作齿轮油加注器加注规定型号的齿轮油 5. 能按照规定力矩拧入进油 / 油位螺塞 6. 养成 7S 管理意识，操作完成后进行现场清理		

一、接受工作任务

客户王先生来到汽车服务有限公司做维护保养，他反映最近总能听见电机附近有异响。维修技师刘强对车辆进行了检查，发现减速器油已经发黑，于是更换了减速器油。

二、知识复习

（1）减速器的主要作用是减速增扭，它通常是与差速器合二为一，制作在一个壳体中。

（2）（判断）减速器是把电动机、内燃机或其他高速运转的动力通过其输入轴传递给其上的小齿轮，再通过小齿轮啮合输出轴上的大齿轮的。（√）

（3）请在图 7.2 复习各部件名称。

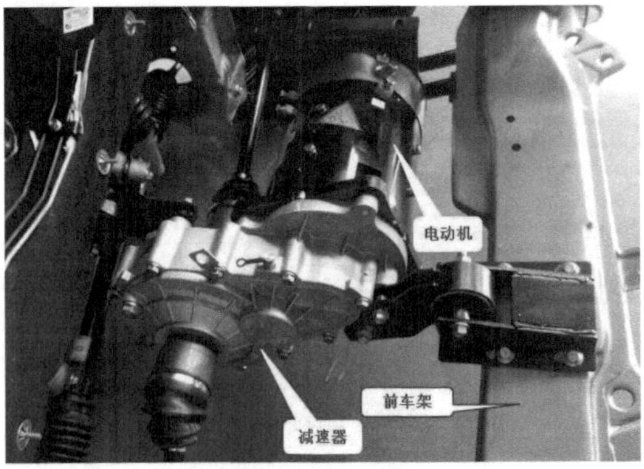

图 7.2　车辆部件

（4）北汽新能源 EV 系列电动车搭载的减速器总成型号为 EF126B02，它是一款前置前驱减速器，采用左右分箱、两级传动结构设计。

（5）北汽新能源 EV 系列电动车搭载的减速器动力传动机械部分是依靠两级齿轮副来实现减速增扭。其按功用和位置分为五大组件：右箱体，左箱体，输入轴组件，中间轴组件，差速器组件。

（6）请查阅相关资料，复习表 7.15 中北汽新能源 EV 系列电动车搭载的减速器的技术参数。

表 7.15　积水参数

技术指标	技术参数	备注

（7）在图 7.3 中复习动力传输路线：驱动电机→输入轴→输入轴齿轮→中间轴齿轮→差速器半轴齿轮→左右半轴→左右车轮。

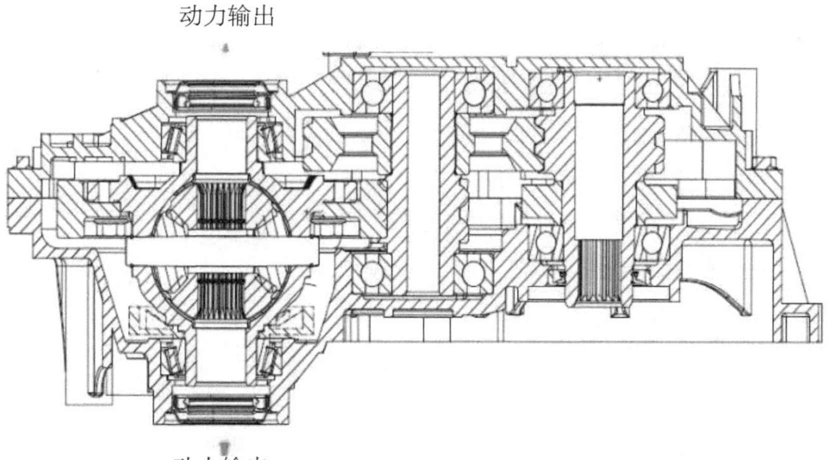

图 7.3　动力传输路线

（8）对于初次保养，变速器磨合后，建议 3 000 公里或 3 个月更换润滑油。

（9）（判断）对于变速箱油的维护保养来说，超过 8 万公里时则不需要再定期进行维护。（ × ）

（10）（多选）减速器产生渗漏油的主要原因有（ ABCD ）。

A. 输入轴油封磨损或损坏　　B. 差速器油封磨损或损坏

C. 油塞处漏油　　D. 箱体破裂或油量过多。

（11）请查阅资料，复习针对表 7.16 中故障的对应处理措施。

表 7.16 故障分类及处理措施

序号	故障分类	处理措施
1	输入轴油封磨损或损坏	参考维修手册操作规范，更换油封
2	差速器油封磨损或损坏	参考维修手册操作规范，更换油封
3	油塞处漏油	对放油塞涂胶，按规定力矩拧紧
4	箱体破裂	参考维修手册对减速器进行维修
5	油量过多由通气塞冒出	检查油位调整油量

（12）请简述检查减速器润滑油的方法。

① 确认车辆处于水平状态，检查减速器是否有漏油痕迹，如有分析漏油原因，修理漏油部位；

② 拆下油位螺塞，检查油位。如润滑油与油位螺塞齐平，则说明油位正常。否则，应增加规定级别润滑油，直到油位螺塞孔口出油为止。

（13）请简述减速器油更换步骤。

① 在换油前，必须停车断电，水平提升车辆；

② 检查减速器油位以及是否漏油，如有漏油，应及时予以处理；

③ 拆下放油螺塞，把废油排放干净；

④ 放油螺塞涂抹少量密封胶，并按规定力矩（12 ~ 18 N · m）拧紧；

⑤ 拆下油位检查螺塞、进油螺塞；

⑥ 按规定的型号、规定油量加注润滑油；

⑦ 油位螺塞、进油螺塞涂抹少量密封胶，并按规定力矩拧紧。

（14）（多选）减速器产生噪声的主要原因有（ABCD）。

A. 润滑油不足　B. 轴承损坏或磨损　C. 齿轮损坏或磨损　D. 箱体磨损或破裂

（15）（判断）当减速器无动力输出时，可以判定其损坏，直接更换即可，不要再继续排查故障。（ × ）

三、制订计划

（1）根据电动汽车维修更换减速器油的要求，制订作业计划。

表 7.17 制订计划

序号	作业项目	操作要点
1	关闭点火开关，举升车辆	举升机支点调整到位
2	检查减速器油是否有渗漏	目视检查
3	更换减速器油	排放废油

（续表）

序号	作业项目	操作要点
4	打扫场地	按照 7S 管理执行
计划审核	审核意见： 年　月　日　签字：	

（2）请根据维修作业计划，完成小组成员任务分工。

表 7.18　任务分工

操作人		记录员	
监护人		展示员	
作业注意事项			
（1）实训开始前应摘掉戒指、手表和项链，脱去宽松的衣服，换上实训服，长头发应挽起固定于脑后 （2）当多人作业，起动运转设备或机器时，必须事先发出起动操作信号，并确认安全后方可起动，并且机器设备运行时，身体及衣服应远离转动部件 （3）按正确的方法使用状态良好的工具，使用后应立即清理 （4）当使用汽车举升机时应严格按照举升机的操作规程进行作业 （5）整车实训时确保点火开关处于 LOCK 位置，操作另有要求除外 （6）当就车工作时，应施加驻车制动（检查该部件时除外），除非特定操作要求置于其他挡位，否则应将挡位置于 N/P 位 （7）当涂抹密封胶时，涂抹少量即可，勿涂抹过量 （8）减速器油位、加油、放油螺塞不可旋入过多，拧入到位即可			
检测设备 / 工具 / 材料			
序号	名称	数量	清点
1	北汽实训用车	1 辆	☑已清点
2	废机油收集桶	1 只	☑已清点
3	工装	1 套	☑已清点
4	线手套	1 副	☑已清点
5	减速器润滑油	1 桶	☑已清点
6	齿轮油加注器	1 台	☑已清点
7	密封胶	1 支	☑已清点
8	扭矩扳手	1 把	☑已清点
9	内六角扳手	1 套	☑已清点
10	抹布	1 块	☑已清点

四、计划实施

（1）停车断电，水平举升车辆。

表 7.19 计划实施

	（1）将车辆停放到工位，关闭点火开关	点火开关位置	☐ START ☐ ON ☐ ACC ☑ LOCK
	（2）调整举升机支点	举升机类型	双柱龙门举升机
		支点数量	4
		是否对称举升	☐是 ☐否
	（3）水平提升车辆	车辆高度	☐比维修人员高 ☑比维修人员低
		车辆升起后如何锁止	☐推动车辆，确保其无晃动 ☑按压举升机下降杆，直到车辆保险锁住

（2）检查减速器油位以及减速器是否漏油。

表 7.20 检查减速器油位

	（1）检查减速器是否有漏油痕迹，如有，应分析漏油原因，修理漏油部位	是否有漏油痕迹	☐有 ☐无
		漏油位置：________________	

（续表）

<table>
<tr><td rowspan="5">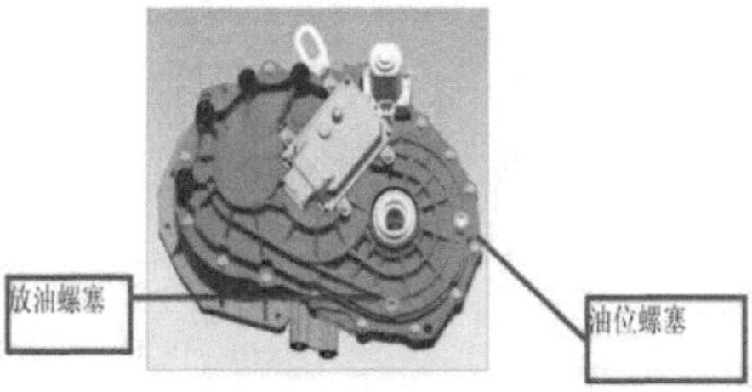
</td><td rowspan="5">（2）拆下油位螺塞，检查油位</td><td colspan="2">使用工具</td><td>内六角扳手</td></tr>
<tr><td colspan="2">规格</td><td>8 mm</td></tr>
<tr><td colspan="2">油位是否正常</td><td>□是 □否</td></tr>
<tr><td colspan="3">更换减速器油的周期</td></tr>
<tr><td>☑新车行驶 3 000 km 或 3 个月时</td><td>☑车辆使用奇数万 km 数或经检查需要更换时</td><td>☑车辆使用偶数万 km 数或经检查需要更换时</td></tr>
</table>

（3）拆下放油螺塞，排放废油。

表 7.21 拆下放油螺塞

<table>
<tr><td rowspan="2">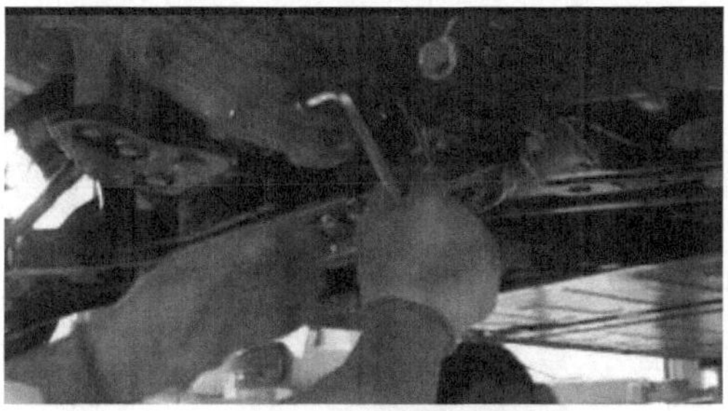</td><td rowspan="2">（1）旋松放油螺塞</td><td>使用工具</td><td>内六角扳手</td></tr>
<tr><td>规格</td><td>8 mm</td></tr>
<tr><td rowspan="3">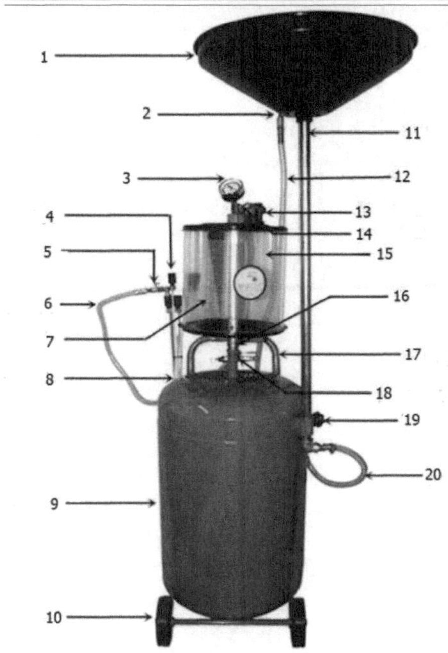
</td><td rowspan="3">（2）收集排放出的减速器油</td><td>使用设备</td><td>废机油收集接油桶</td></tr>
<tr><td colspan="2">请写出图中数字代表的名称</td></tr>
<tr><td>1：接油盆
2：挂钩
3：真空表
4：抽油针管
5：抽油阀
6：抽油大管
7：量杯刻度
8：针管套
9：储油罐
10：脚滚轮</td><td>11：举升杆
12：排油管
13：真空发生器
14：进气阀
15：抽油真空量杯
16：进油阀
17：拉手
18：进油阀
19：定位阀
20：接油管</td></tr>
</table>

（4）待废油排完以后，将放油螺塞拧上。

表 7.22 废油排放

<table>
<tr><td rowspan="3"></td><td rowspan="3">（1）放油螺塞涂抹少量密封胶</td><td>密封胶类型</td><td>平面密封硅橡胶</td></tr>
<tr><td>密封胶颜色</td><td>灰</td></tr>
<tr><td>密封胶容量</td><td>100 mL 或 300 mL</td></tr>
<tr><td rowspan="3">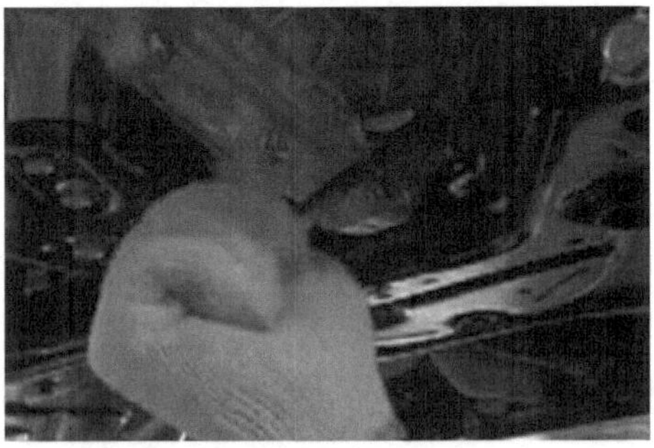</td><td rowspan="3">（2）按规定力矩拧紧</td><td>使用工具</td><td>扭矩扳手</td></tr>
<tr><td>规格</td><td>8mm</td></tr>
<tr><td>拧紧力矩</td><td>12 ~ 18 N·m</td></tr>
</table>

（5）加注新润滑油。

表 7.23 加注新润滑油

<table>
<tr><td rowspan="5"></td><td rowspan="2">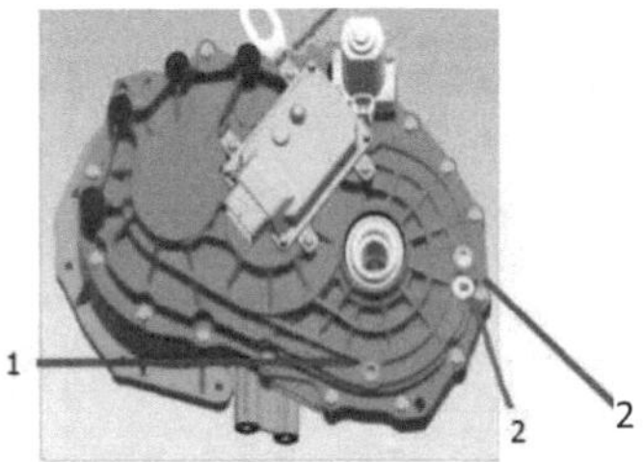
1
2
2</td><td>左图中数字代表的名称</td></tr>
<tr><td>1：放油螺塞
2：油位螺塞</td></tr>
<tr><td>润滑油型号</td><td>GL-4 75W-90 合成油</td></tr>
<tr><td>加注油量</td><td>0.9 ~ 1.1 L</td></tr>
<tr><td>使用设备</td><td>手压式齿轮油加注器</td></tr>
</table>

（6）油位螺塞、进油螺塞涂抹少量密封胶，并按规定力矩拧紧。

表 7.24　抹密封胶

<table>
<tr><td rowspan="6">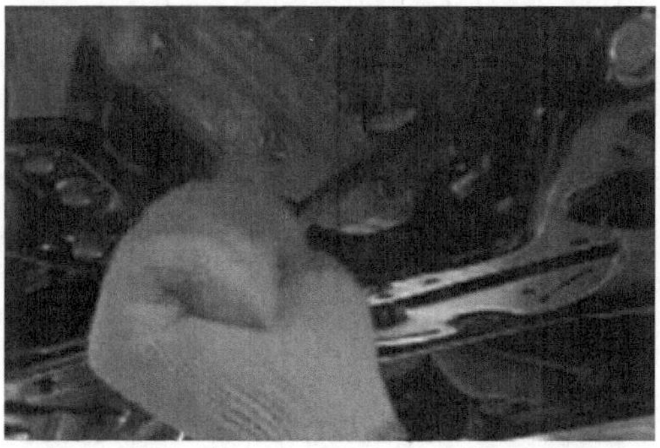</td><td rowspan="3">（1）油位螺塞、进油螺塞涂抹少量密封胶</td><td>密封胶类型</td><td>平面密封硅橡胶</td></tr>
<tr><td>密封胶颜色</td><td>灰</td></tr>
<tr><td>密封胶容量</td><td>100 mL 或 300 mL</td></tr>
<tr><td rowspan="3">（2）按规定力矩拧紧</td><td>使用工具</td><td>扭矩扳手</td></tr>
<tr><td>规格</td><td>8 mm</td></tr>
<tr><td>拧紧力矩</td><td>12 ~ 18 N·m</td></tr>
</table>

（7）降下车辆，清扫场地。

表 7.25　清扫场地

<table>
<tr><td></td><td>（1）降下车辆，注意观察周围人员</td><td colspan="2">操作步骤：
1：提升车辆少许
2：将举升机保险解锁
3：缓慢按压手动阀
4：将举升臂放回原位</td></tr>
<tr><td></td><td>（2）按照 7S 管理制度清理场地</td><td>7S 管理的含义</td><td>1：整理
2：整顿
3：清扫
4：清洁
5：素养
6：安全
7：节约</td></tr>
</table>

五、质量检查

请实训指导教师检查本组作业结果，并针对实训过程出现的问题提出改进措施及建议。

表 7.26 质量检查

序号	评价标准	评价结果
1	车辆举升安全平稳	
2	规范进行减速器漏油检查	
3	正确排放减速器废油	
4	正确加注减速器油	
5	作业完成后全面清扫场地	
综合评价	☆ ☆ ☆ ☆ ☆	
综合评语（作业问题及改进建议）		

六、评价反馈

请根据自己在课堂中的实际表现进行自我反思和自我评价。

自我反思：

自我评价：

七、实训成绩单

表 7.27 实训成绩单

项目	评分标准	分值	得分
接受工作任务	明确工作任务，理解任务在车辆维护保养中的重要程度	5	
信息收集	清楚减速器润滑油的作用及使用要求	3	
	知道润滑油型号数字和字母的含义	4	
	能描述出减速器油变质的原因	4	
制订计划	制订减速器油更换的作业计划	10	
	能协同小组人员安排任务分工	5	
	能在实施前准备好所需要的工具器材	5	
计划实施	进行操作前准备好需要使用的工具设备	4	
	举升车辆前务必关闭点火开关，举升机支点调整到位	5	
	正确检查减速器是否有漏油，使用工具拆卸油位螺塞	5	
	正确拆除减速器排油螺塞，使用专用设备收集废液	8	
	涂抹适量密封胶至排油螺塞的合适位置	8	
	使用规定力矩将排油螺塞拧入	5	

（续表）

项目	评分标准	分值	得分
	正确操作齿轮油加注器缓慢加注规定型号的齿轮油	8	
	规范涂抹密封胶，按照规定力矩拧入进油、油位螺塞	5	
	操作完成后，按照 7S 管理制度清理现场	2	
质量检查	学生任务完成，操作过程规范	10	
评价反馈	学生能对自身表现情况进行客观评价	2	
	学生在任务实施过程中发现自身问题	2	
得分（满分 100）			

项目八　电动汽车制动系统维护保养

实训一　电控制动系统基本检查

表 8.1　实训目标

指导教师		参考学时	8 学时
实训目标	1. 能认识电动汽车制动系统的组成及功用 2. 能检查制动液液位及含水量是否达标 3. 能检查制动系统是否有泄漏或损坏 4. 能检查轮胎胎面、胎纹、胎压状态 5. 能检查前后制动器状态并更换制动摩擦片 6. 能检查并调整驻车制动器和制动踏板自由行程 7. 能检查真空泵和控制器功能是否正常		

一、接受工作任务

客户王先生是北汽新能源 EV160 的车主，今日来店做 B 级维护保养。王先生反映最近在踩制动时感觉比较硬，维修技师刘强着重对制动系统进行了检查。

二、信息收集

（1）行车制动装置的功用是：使正在行驶中的汽车减速或在最短的距离内停车。而停车制动装置的功用是：使已经停在各种路面上的汽车保持不动。

（2）北汽新能源 EV200 的制动系统类型为：电动真空助力液压制动系统。

（3）（多选）下列属于电动真空助力制动系统主要组成部分的是（ABCD）。

A. 供能装置　　B. 控制装置　　C. 传动装置　　D. 制动器

（4）请识别表 8.2 中制动器的名称。

表 8.2　制动器

鼓式制动器	盘式制动器	驻车制动器

（5）请复习表 8.3 中鼓式制动器结构名称。

表 8.3　鼓式制动器结构

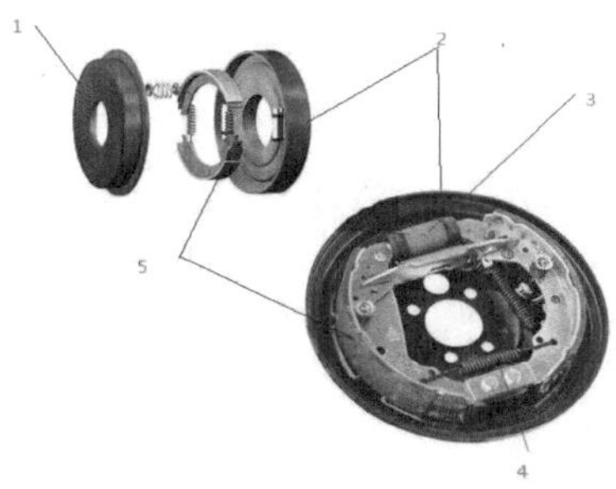	1	制动鼓
	2	制动器底板
	3	制动轮缸
	4	制动蹄及摩擦片
	5	回位弹簧

（6）请复习表 8.4 中盘式制动器结构名称。

表 8.4　盘式制动器结构

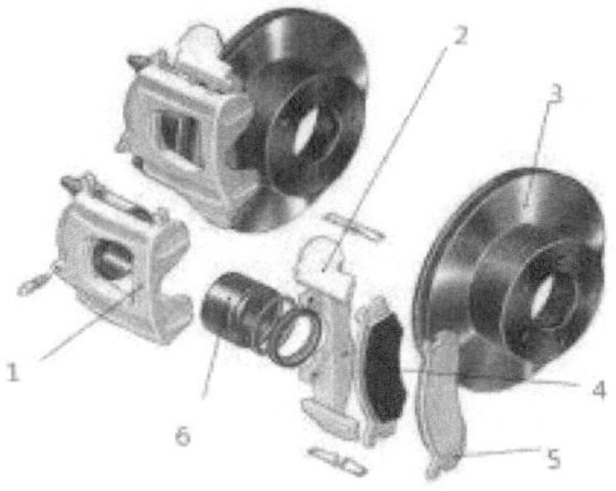	1	制动钳
	2	制动钳安装支架
	3	制动盘
	4	摩擦片
	5	制动衬块
	6	制动分泵活塞

（7）请复习表 8.5 中驻车制动器结构名称。

表 8.5 驻车制动器结构

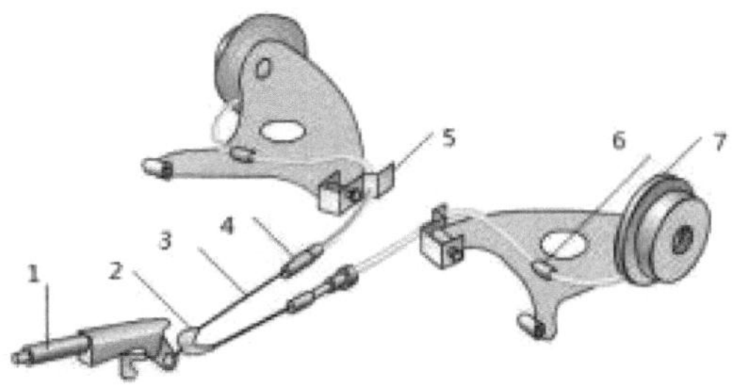

1	驻车制动杆
2	平衡杠杆
3	拉索
4	拉索调整接头
5	拉索支架
6	拉索固定夹
7	后轮制动器

（8）制动系统需要检查维护的有制动器、制动液、制动油路、真空助力装置、轮胎等部件。

（9）请简述电动真空助力系统的工作过程。

当驾驶员发动汽车时，12 V 电源接通，电子控制系统模块开始自检，如果真空罐内的真空度小于设定值，真空压力传感器输出相应电压值至控制器，此时控制器控制电动真空泵开始工作；当真空度达到设定值后，真空压力传感器输出相应电压值至控制器，控制器控制真空泵停止工作；当真空罐内的真空度因制动消耗，真空度小于设定值时，电动真空泵再次开始工作，如此循环。

（10）请识别并复习表 8.6 中真空助力器的状态名称。

表 8.6 真空助力器状态

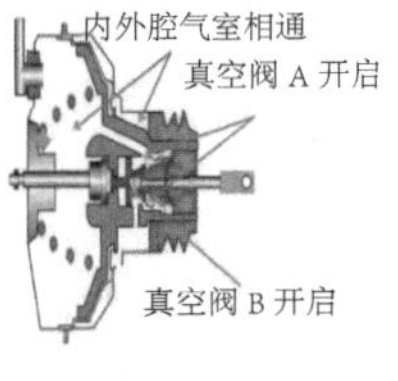

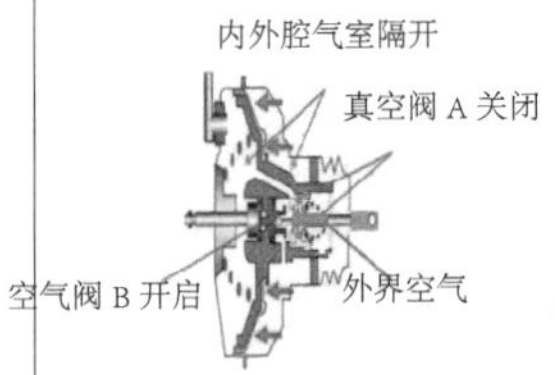

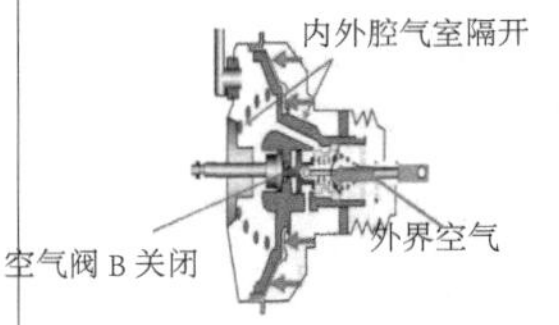

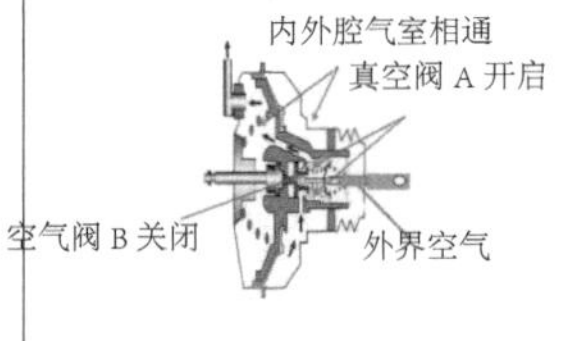

真空助力器自然状态	真空助力器中间状态	真空助力器平衡状态	真空助力器放松状态

（11）北汽新能源 EV200 制动的踏板自由行程应为总行程的 1/3（约为 15 mm），当自由行程不符合要求时，可松开总泵推杆的锁紧螺母，拧动推杆，通过改变其长度进行调整。调整完毕后，再拧紧锁紧螺母。

（12）制动器摩擦片检查及更换标准：

盘式制动器：摩擦片磨损极限厚度（不计背板厚度）：2.0 mm，制动盘极限厚度：22 mm。

鼓式制动器：摩擦片有效厚度（不计背板厚度）：4.0 mm，磨损极限厚度（不计背板厚度）：1.6 mm，制动鼓摩擦表面如果凹槽过深，或制动毂成椭圆，必须与蹄片一起更换。

（13）当检查驻车制动器时，手柄的有效工作点为：整个行程的 70%，棘轮的响声为

6 ~ 7 响。

（14）请根据图 8.1 及表 8.7 识别 EV200 所搭载轮胎规格并复习技术参数。

图 8.1 轮胎规格

表 8.7 轮胎规格表

轮胎规格	185/65 R14	是否是子午线轮胎	
是胎宽	185 mm	扁平比	65%
直径	14 英寸	载重系数	86
轮胎标准气压	230 kPa	螺栓拧紧力矩	10 ± 10 N · m

（15）请简述车辆轮胎花纹深度尺（见图 8.2）的使用方法。

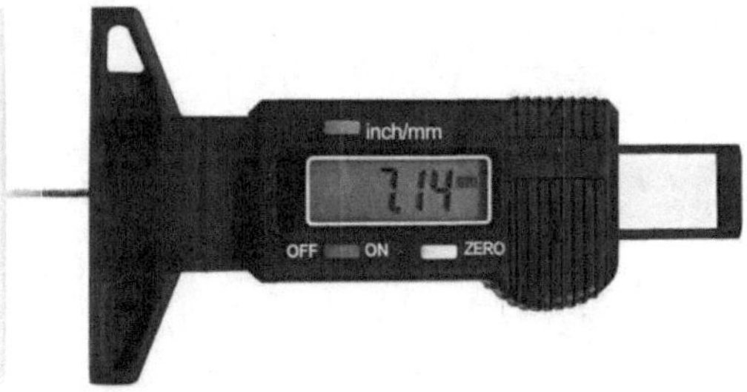

图 8.2 车辆轮胎花纹深度尺

① 使用前垂直置于平板上，轻推尺身，使测头与平板接触，置零。

② 测量时轻推尺身，使测头触及花纹沟底，并稍微滑动几下，避免花纹沟内的磨耗标记影响测量结果。

③ 读取显示屏上的示数，反复操作测得一组数值，从中得出平均数。

（16）ABS 主要由 ECU 控制单元、车轮转速传感器、制动压力调节装置和制动控制电路等部分组成。

（17）请复习表 8.8 中制动系统的结构。

表 8.8 制动系统的结构

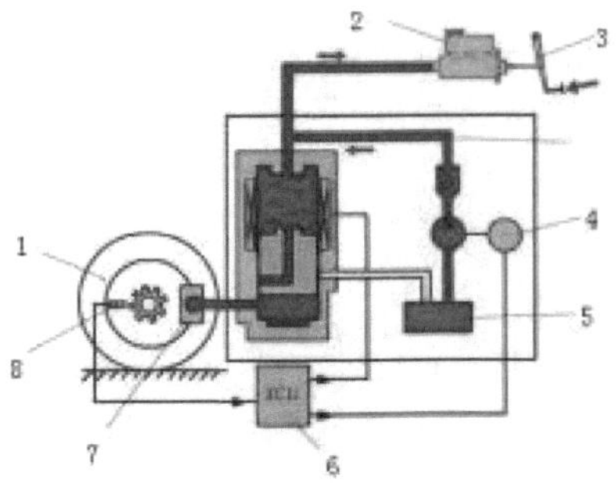

1	车轮
2	制动总泵
3	制动踏板
4	液压泵电机
5	储液罐
6	ABS 控制单元
7	制动分泵
8	轮速传感器

三、制订计划

（1）根据车辆维护保养要求，制订制动系统基本检查的作业计划。

表 8.9 制订计划

作业流程		
序号	作业项目	操作要点
1	维修作业前检查及车辆防护	高压安全及防护
2	检查制动液液位	识别制动液液位指示标志
3	检查制动系统管路	制动系统管路连接情况
4	检查轮胎状态	检查胎面、胎纹、胎压
5	检查前后制动器状态并更换制动摩擦片	测量并更换制动片
6	检查并调整驻车制动器	有效工作点的检查
7	检查制动踏板自由行程	调整踏板自由行程
8	检查真空泵和控制器功能	检查真空助力状况
计划审核	审核意见： 年　月　日　签字：	

（2）请根据维修作业计划，完成小组成员任务分工。

表8.10 任务分工

操作人		记录员	
监护人		展示员	
作业注意事项			
（1）实训开始前应做好个人着装准备、场地准备和工具准备 （2）进入车内操作前，应先铺好维护保养三件套 （3）在进行前机舱操作之前，应先铺设翼子板防护垫 （4）当多人作业，起动运转设备或机器时，必须事先发出起动操作信号，并确认安全后方可起动，并且机器设备运行时，身体及衣服应远离转动部件 （5）当使用万用表时应选择正确的挡位和量程，并且在使用过后及时关闭 （6）当检查前机舱线束及插接件时需要做好绝缘防护准备，并配有操作监护人			
检测设备 / 工具 / 材料			
序号	名称	数量	清点
1	北汽实训用车	1 辆	☑已清点
2	绝缘工具	1 套	☑已清点
3	隔离柱	4 个	☑已清点
4	警戒线	1 卷	☑已清点
5	警示标识牌	1 套	☑已清点
6	维护保养三件套	1 套	☑已清点
7	翼子板防护垫	1 个	☑已清点
8	车轮挡块	4 块	☑已清点
9	实训工装	1 套	☑已清点
10	线手套	1 副	☑已清点
11	高压防护用具	1 套	☑已清点
12	游标卡尺	1 把	☑已清点
13	组合工具	1 套	☑已清点
14	胎纹尺	1 把	☑已清点
15	胎压表	1 个	☑已清点

4. 计划实施

（1）请完成纯电动汽车维修作业前检查及车辆防护，并记录信息。

① 维修作业前现场环境检查。

表 8.11　环境检查

	作业内容： 检查绝缘垫，设立隔离柱，布置警戒线，张贴警示牌 作业结果： 现场环境达标，隔离距离正常，警示标牌清晰

② 维修作业前防护用具检查。

表 8.12　防护用具检查

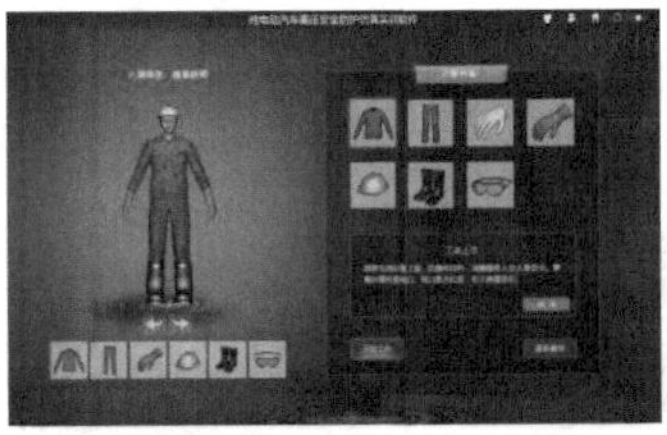	作业内容： 绝缘手套、绝缘鞋、护目镜、安全帽外观及性能检查 作业结果： 外观检查良好，绝缘手套及绝缘鞋技术参数合格

③ 维修作业前仪表工具检查。

表 8.13　作业前仪表工具检查

	作业内容： 绝缘万用表、绝缘工具箱、放电工装、制动液检测笔外观及性能检查 作业结果： 外观检查良好，绝缘万用表及放电工装性能正常

④ 维修作业前实施车辆防护。

表 8.14　车辆防护

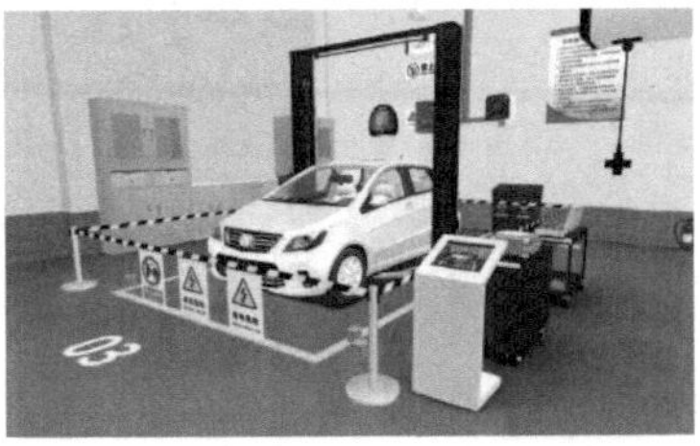	作业内容： 铺设翼子板防护垫、汽车维修三件套、脚垫 作业结果： 车辆防护实施完毕，可以进行故障诊断维修任务

（2）请检查制动液。

表 8.15 检查制动液

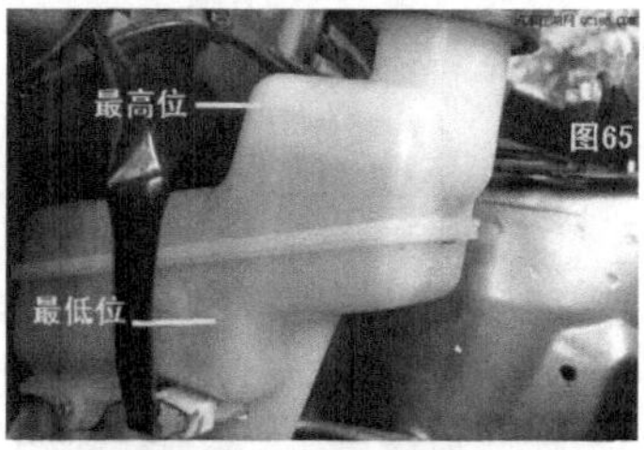	制动液位	☐高于 MAX 线 ☐低于 MIN 线 ☑位于 MAX 和 MIN 线之间
	是否正常	☑正常☐缺少需添加
	制动液液位与摩擦片磨损的关系是什么？	在行车时，由于制动片的磨损和自我调解，液位会略微降低
	若制动液液位低于 MIN 线，应当如何处理？	检查制动液是否泄漏或制动器衬块磨损过度，必要时维修

（3）检查制动系统管路是否泄漏

① 检查制动软管接头。

表 8.16 检查制动软管接头

	检查部位	是否有泄漏
	制动真空泵与软管连接处	☐是☑否
	制动真空罐与软管连接处	☐是☑否
	检查要点	在制动真空泵工作时检查连接软管有无漏气现象
	注意事项	①不能扭曲制动软管。 ②在最大转向角度时制动软管不得接触到汽车零件

② 检查制动装置是否有泄漏和损坏。

表 8.17 检查制动装置是否有泄漏和损坏

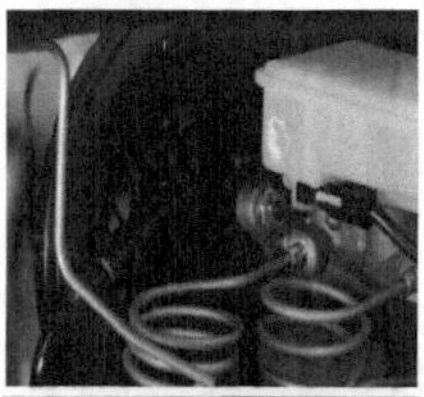	需要检查的条件	如果液位已降至 MIN 之下，则必须在添加制动液之前检查是否有泄漏
	检查部件	是否有泄漏或损坏
	制动总泵	☐是☑否
	真空助力器	☐是☑否
	制动器	☐是☑否
	制动液软管	☐是☑否
	制动管路及其接口	☐是☑否
	固定装置	☐是☑否

（续表）

	注意事项	①不能扭曲制动软管 ②在最大转向角度时制动软管不得接触到汽车零件

（4）检查轮胎状态。

表8.18 检查轮胎状态

	（1）将车辆举升到合适高度	举升机类型	龙门式举升机	
		支撑垫个数	4	
		熔断器个数	2	
	（2）检查轮胎外观	轮胎表面	□正常 □破损 □划痕	
		轮胎花纹	□正常 □石子卡入	
	（3）检查轮胎胎纹深度	左前	________mm	□更换
		左后	________mm	□更换
		右后	________mm	□更换
		右前	________mm	□更换
	（4）检查轮胎胎压	左前	________kPa	□更换
		左后	________kPa	□更换
		右后	________kPa	□更换
		右前	________kPa	□更换

（5）检查前后制动器状态。

表 8.19　检查前后制动器状态

<table>
<tr><td rowspan="2">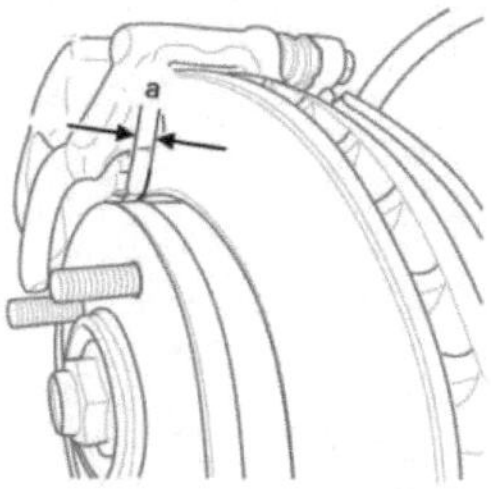盘式摩擦片厚度（前轮）</td><td></td><td>测量厚度：________（不计背板）</td></tr>
<tr><td>是否需要更换</td><td>□是☑否</td></tr>
<tr><td rowspan="3">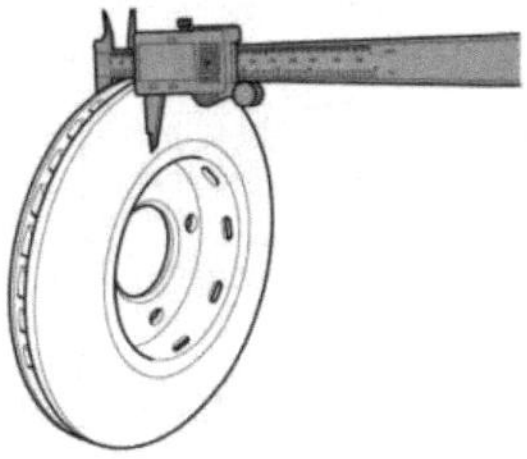制动盘（前轮）</td><td>制动盘厚度</td><td>极限厚度：<u>22 mm</u>（不计背板）</td></tr>
<tr><td>制动盘更换频率</td><td>通常，更换____次制动片时，需要对刹车盘一同进行更换。</td></tr>
<tr><td>是否需要更换</td><td>□是☑否</td></tr>
<tr><td rowspan="4">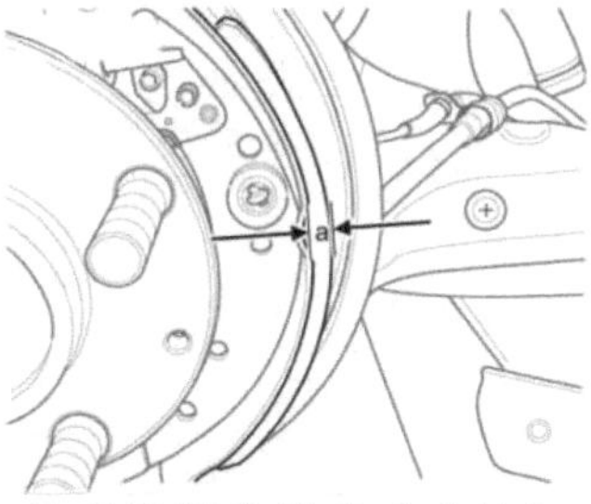鼓式摩擦片厚度（后轮）</td><td rowspan="3">鼓式摩擦片厚度</td><td>有效厚度：<u>4.0 mm</u>（不计背板）</td></tr>
<tr><td>极限厚度：<u>1.6 mm</u>（不计背板）</td></tr>
<tr><td>测量厚度：________（不计背板）</td></tr>
<tr><td>是否需要更换</td><td>□是☑否</td></tr>
</table>

（6）检查并调整驻车制动器。

① 检查驻车制动器。

表 8.20　检查驻车制动器

<table>
<tr><td rowspan="3">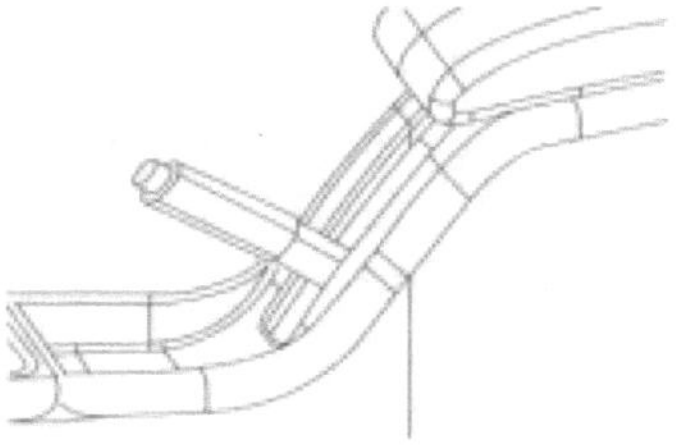</td><td rowspan="2">制动手柄的有效工作点</td><td>整个行程的__________%</td></tr>
<tr><td>__________个棘轮齿</td></tr>
<tr><td>检查结果</td><td>□正常　□需调整</td></tr>
</table>

②驻车制动器调整。

表 8.21 驻车制动器调整

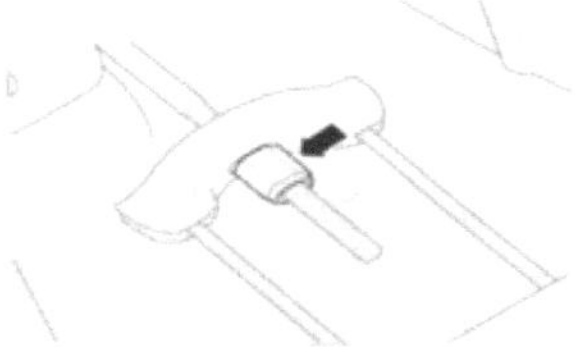 箭头所指为调整螺母	使用工具	一字螺丝刀、十字螺丝刀、翘板、开口扳手
	操作步骤	① 拆卸副仪表板骨架 ② 放下驻车制动器控制杆 ③ 松开调整螺母 ④ 踩制动踏板 6 次 ⑤ 调整驻车制动拉索 ⑥ 测试驻车制动器是否工作正常 ⑦ 安装驻车制动器盖板
	注意事项	①松开驻车制动后检查车轮是否活动自如 ②调整后的驻车制动器操纵杆不能超过全行程的3/4

（7）检查制动踏板自由行程。

表 8.22 检查制动踏板自由行程

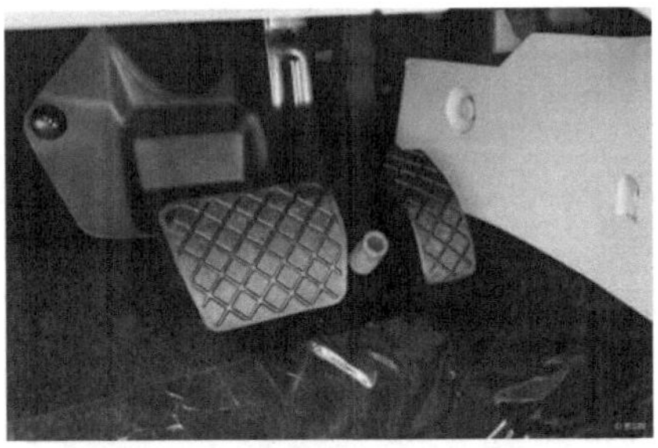	制动踏板标准自由行程	
	测量结果	□正常□过大□过小
	自由行程过大的影响	制动作用滞后，制动效能降低
	自由行程过小的影响	活塞皮碗可能堵住旁通孔，使制动作用不能彻底解除

（8）检查真空泵和控制器功能。

表 8.23 检查真空泵和控制器功能

	（1）车辆静止状态下，完全踩下制动踏板，真空泵应正常启动	点火开关	□ LOCK □ ACC ☑ ON □ START
		仪表状态	制动故障灯亮，持续几秒后熄灭
		踩踏制动踏板次数	<u>3</u> 次
		真空度到达设定值时	电机应停止工作

（续表）

<table>
<tr><td rowspan="3"></td><td rowspan="5">（2）制动真空泵运转一定时间后，观察真空泵有无异响、异味，以及真空泵控制器插接件及连接线无变形发热</td><td>运转时间</td><td>5 分钟</td></tr>
<tr><td>运转次数</td><td></td></tr>
<tr><td>真空泵</td><td>□正常
□异响
□异味</td></tr>
<tr><td rowspan="2">

1. 助力器 2. 单向阀 3. 制动真空管路</td><td>插接件</td><td>□正常
□变形
□发热</td></tr>
<tr><td>连接线</td><td>□正常
□变形
□发热</td></tr>
<tr><td colspan="4">故障判断：
（1）如果真空泵出现异响、异味，可能是由于<u>真空泵内部严重磨损造成的</u>
（2）如果真空泵出现故障，可导致<u>制动效果明显下降，甚至制动失灵</u></td></tr>
</table>

五、质量检查

请实训指导教师检查本组作业结果，并针对实训过程出现的问题提出改进措施及建议。

表 8.24　质量检查

序号	评价标准	评价结果
1	相关物品及资料交接齐全无误	
2	安全、规范完成维护保养工作	
3	根据用户用车情况对车辆制动系统进行检查和调整	
4	正确判断制动液、刹车盘、摩擦片是否需要更换	
5	检查车况并在维修记录单上签字	
综合评价	☆ ☆ ☆ ☆ ☆	
综合评语（作业问题及改进建议）		

六、评价反馈

请根据自己在课堂中的实际表现进行自我反思和自我评价。

自我反思：

自我评价：

七、实训成绩单

表 8.25 实训成绩单

项目	评分标准	分值	得分
接受工作任务	明确工作任务，准确记录客户及车辆信息	5	
信息收集	掌握工作相关知识及操作要点	13	
制订计划	计划合理可行	10	
计划实施	操作前的场地、工具等准备工作	3	
	正确使用举升机安全规范举升车辆	5	
	检查制动液位是否符合要求	3	
	检查制动系统管路及装置是否有泄漏和损坏	7	
	检查轮胎外观、胎压、胎纹是否正常	8	
	检查前后制动摩擦片厚度及制动盘	10	
	检查并调整驻车制动器	10	
	检查并调整制动踏板自由行程	8	
	检查制动真空泵、控制器功能	5	
	操作前的场地、工具等准备工作	3	
质量检查	按照要求完成相应任务	5	
评价反馈	经验总结到位，合理评价	5	
得分（满分 100）			

实训二　制动液的更换

表 8.26　制动液的更换

指导教师		参考学时	4 学时
实训目标	1. 能使用制动液加注及排气装置进行制动液的排放和加注 2. 能选择合适的工具拆卸和安装轮胎 3. 能配合组员进行制动液更换后的车辆制动性能检查		

一、接受工作任务

客户王先生是北汽新能源 EV 系列轿车车主，今日来店做 B 级维护保养。检查过程中发现客户车辆的制动液已经变质，经客户同意后，更换车辆制动液。

二、知识复习

（1）在汽车液压制动系统中的这种液体称为制动液，是制动系统制动不可缺少的部分。

（2）制动液的基本性能要求：

① 高温抗气阻性，制动液的沸点应在 205 ℃以上。

② 应有良好的运动黏度和润滑性。

③ 有一定的溶水性，不能因为吸水产生分层和沉淀。

④ 两种制动液混合时，应能充分混溶，不产生分层和沉淀。

⑤ 不侵蚀金属和橡胶部件，化学性质为中性。

⑥ 长期贮存和使用，性能稳定，化学性能无变化。

（3）制动液的选用原则：

① 产品类型应与车辆制造厂家规定的制动液产品类型相同。

② 尽量选择正规厂家生产的、性能稳定、质量有保证的制动液产品。

③ 产品质量等级应等于或高于车辆制造厂家规定的制动液质量等级。

④ 不同类型和不同品牌的制动液严禁混合使用。

（4）（判断）对于制动液，如果是互溶性较好，标明能混用或可替代的品牌，使用中也可能引起故障，因此也不能长期使用。（√）

（5）制动液失效的原因为：制动液由乙二醇和其他各种防腐蚀的添加液组成，由于乙二醇在长期使用中会吸收空气中的水分，它的沸点就会降低。

（6）制动液中只要被吸入的水分达到 2.5%，就需要更换新的制动液了。

（7）制动液检测笔的指示灯含义：

绿：自身电池 OK，制动液 OK，即制动液中不含水。

绿 / 黄：制动液中含水量低于 1%，制动液性能好，可放心使用。

绿 / 黄 / 黄：制动液中含水量约 2%，制动液可继续使用。绿 / 黄 / 黄 / 红：制动液中含水量约 3%，建议更换制动液。

绿 / 黄 / 黄 / 红 / 红：制动液中含水量至少 4%，需立刻更换制动液。

（8）（多选）下列选项中属于制动液的更换条件的是（ABCDE）。

A. 车辆正常行驶 40 000 km

B. 制动液有杂质或沉淀物

C. 连续使用两年

D. 出现制动效能降低或制动踏板回位滞后

E. 冬季，制动效果下降时

（9）（判断）更换制动液前要检查制动装置是否有泄漏和损坏，检测制动总泵、真空助力器、制动器、油管等部件应无渗漏和损坏。（√）

（10）（单选）下列不属于更换制动液时所需要的专用工具和维修设备的是（ABCD）。

A. 制动液加注及排气装置 B. 排气设备套件 C. 制动踏板加载装置

D. 油管扳手 E. 绝缘扳手

（11）（判断）制动液有毒有腐蚀性，因此，不允许与皮肤、车辆油漆及其他零件表面接触。如果制动液溢出，要用大量的清水冲洗。（√）

（12）制动液更换完成后，检测踏板压力和制动踏板的自由行程，自由行程应为踏板行程最大值的 1/3。

（13）（多选）制动液根据成分分类，主要可分为三种类型（ABC）。

A. 醇型 B. 矿物油型 C. 合成型 D. 复合型

（14）如何排放制动系统中的空气？

将制动踏板加载装置放到驾驶员座椅和制动踏板之间，并预紧。将制动液加注及排气装置的适配接头拧在制动液储液罐上，将制动液加注及排气装置的加注软管连接在适配接头上，并起动装置。拔下左前制动钳排气螺栓上的盖罩，将制动液收集瓶上的排气软管牢固地固定在排气螺栓上，以免空气进入制动装置内。用油管扳手旋松排气螺栓，然后放出带有空气的制动液。

（15）根据美国石油协会规定，制动液分为 DOT3、DOT4 和 DOT5.1 三种质量级别。

（16）按使用工况温度和黏度要求的不同将合成制动液分为 HZY3、HZY4、HZY5、HZY6 四个级别。序号越大，其平衡回流沸点越高，高温抗气阻性越强，行车制动安全性越好。

（17）请查阅资料，复习表 8.27 中我国汽车制动液级别与国外汽车制动液级别的对应关系。

表 8.27　制动液对比

序号	质量标准	质量级别				
		醇醚型	硼酸酯型	硼酸酯型	硅酮型	硼酸酯型
1	美国 FMVSS No.116	DOT3	DOT4	DOT5.1	DOT5	
3	日本 JIS K 2233	BF-3	BF-4	BF-5		BF-6
5	中国 GB12981—2012	HZY3	HZY4	HZY5		HZY6

三、制订计划

（1）根据车辆维护保养要求，制订更换制动液的作业计划。

表 8.28　作业计划

作业流程		
序号	作业项目	操作要点
1	维修作业前检查及车辆防护	高压安全及防护
2	检查制动液含水量	制动液检测笔的使用
3	总泵制动液回收	制动液加注装置的使用
4	制动液的添加	制动液型号选择
5	轮缸制动液的回收	旧制动液排除
6	制动系统排放空气	制动系统排气操作
7	制动性能试验	车轮状态检查
计划审核	审核意见: 年　月　日　签字:	

（2）请根据维修作业计划，完成小组成员任务分工。

表8.29 任务分工

操作人		记录员	
监护人		展示员	
作业注意事项			
（1）实训开始前应做好个人着装准备、场地准备和工具准备 （2）进入车内操作前，应先铺好维护保养三件套 （3）在进行前机舱操作之前，应先铺设翼子板防护垫 （4）当多人作业,起动运转设备或机器时,必须事先发出起动操作信号,并确认安全后方可起动,并且机器设备运行时，身体及衣服应远离转动部件 （5）当使用万用表时应选择正确的挡位和量程，并且在使用过后及时关闭 （6）当检查前机舱线束及插接件时需要做好绝缘防护准备，并配有操作监护人			
检测设备 / 工具 / 材料			
序号	名称	数量	清点
1	北汽实训用车	1 辆	☑已清点
2	绝缘工具箱	1 箱	☑已清点
3	高压防护用具	1 套	☑已清点
4	隔离柱	4 个	☑已清点
5	警戒线	1 卷	☑已清点
6	警示标识牌	1 套	☑已清点
7	维护保养三件套	1 套	☑已清点
8	翼子板防护垫	1 个	☑已清点
9	实训工装	1 套	☑已清点
10	线手套	1 双	☑已清点
11	制动液加注及排气装置	1 套	☑已清点
12	制动液检测笔	1 支	☑已清点

四、计划实施

（1）请完成纯电动汽车维修作业前检查及车辆防护，并记录信息。

① 维修作业前现场环境检查。

表 8.30 环境检查

	作业内容： 检查绝缘垫，设立隔离柱，布置警戒线，张贴警示牌 作业结果： 现场环境达标，隔离距离正常，警示标牌清晰

② 维修作业前防护用具检查。

表 8.31 防护用具检查

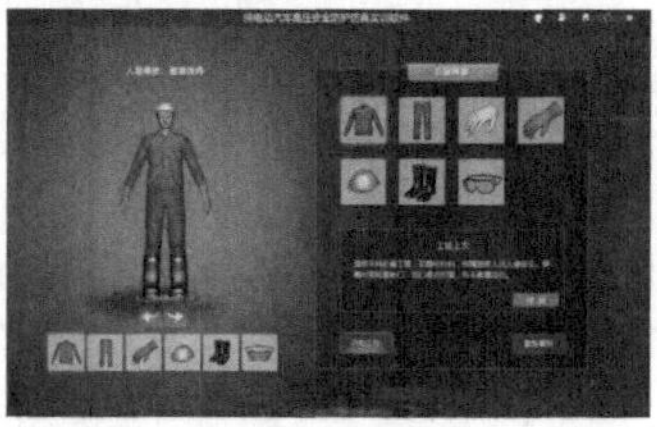	作业内容： 绝缘手套、绝缘鞋、护目镜、安全帽外观及性能检查 作业结果： 外观检查良好，绝缘手套及绝缘鞋技术参数合格

③ 维修作业前仪表工具检查。

表 8.32 工具检查

	作业内容： 制动液检测笔、绝缘工具箱、放电工装外观及性能检查 作业结果： 外观检查良好，各仪表性能正常

④ 维修作业前实施车辆防护。

表 8.33 车辆防护

	作业内容： 铺设翼子板防护垫、汽车维修三件套、脚垫 作业结果： 车辆防护实施完毕，可以进行故障诊断维修任务

（2）检查制动液含水量。

表 8.34 检查制动液含水量

	使用工具	制动液检测笔
	原理	制动液检测笔是根据“电导率”的变化来测定制动液的水分变化。它通过发光二极管清晰地显示含水分的程度，含水分高会导致沸点降低，影响刹车性能

（续表）

<table>
<tr><td rowspan="5">制动液含水量检测结果</td><td>□绿</td><td>自身电池 OK，即制动液中不含水</td></tr>
<tr><td>□绿 / 黄</td><td>制动液中含水量低于 1%，制动液性能好，可放心使用</td></tr>
<tr><td>□绿 / 黄 / 黄</td><td>制动液中含水量约 2%，制动液可继续使用</td></tr>
<tr><td>☑绿 / 黄 / 黄 / 红</td><td>制动液中含水量约 3%，建议更换制动液</td></tr>
<tr><td>□绿 / 黄 / 黄 / 红 / 红</td><td>制动液中含水量至少 4%，需立刻更换制动液</td></tr>
<tr><td>注意事项</td><td colspan="2">每次测试完，要用干燥的布或者纸把测试点的液体部分擦拭干净</td></tr>
</table>

（3）总泵制动液回收。

表 8.35 总泵制动液回收

<table>
<tr><td>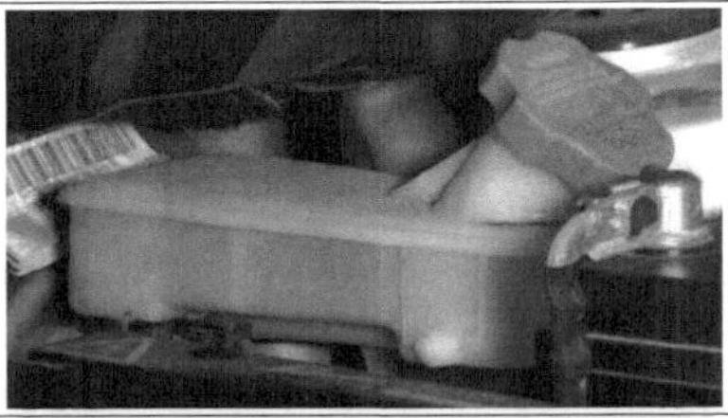</td><td>（1）从制动液储液罐上拧下密封盖，拆下过滤网</td><td>注意事项</td><td>先拔掉制动液液位传感器</td></tr>
<tr><td rowspan="2"></td><td rowspan="2">（3）从制动液储液罐中抽吸尽可能多的制动液</td><td>设备</td><td>制动液加注及排气装置</td></tr>
<tr><td>注意事项</td><td>① 如有制动液滴落要及时清洁，如有制动液沾到手上要及时清洗
②不得再次使用吸出的制动液</td></tr>
<tr><td>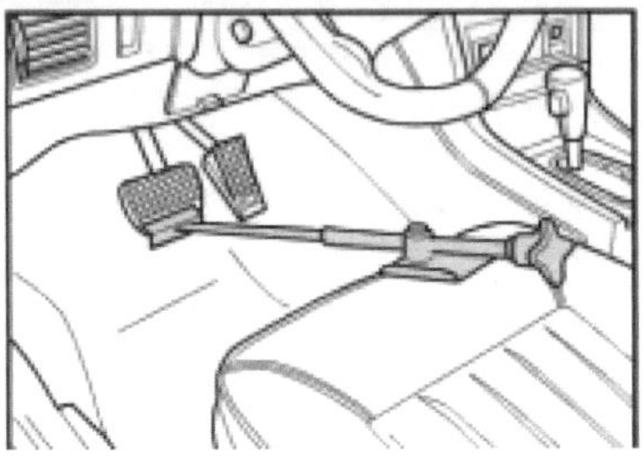</td><td colspan="3">（3）将制动踏板加载装置放到驾驶员座椅和制动踏板之间，并预紧</td></tr>
</table>

（4）制动液的添加。

表 8.36　制动液的添加

<table>
<tr><td rowspan="4"></td><td rowspan="4">将制动液加注及排气装置与制动液储液罐相连并起动装置</td><td>制动液型号</td><td>DOT4</td></tr>
<tr><td>制动液特性</td><td>有毒性、腐蚀性、吸湿性</td></tr>
<tr><td rowspan="2">是否可混合使用</td><td>□可以　☑不可以</td></tr>
<tr><td>原因：防止非匹配的制动液对管路中的密封组件造成腐蚀</td></tr>
</table>

（5）轮缸制动液的回收。

表 8.37　轮缸制动液的回收

<table>
<tr><td></td><td>（1）举升车辆</td><td colspan="2">注意事项</td><td colspan="2">根据举升机操作规范举升车辆，预松轮胎螺栓</td></tr>
<tr><td rowspan="3"></td><td rowspan="3">（2）使用专用套筒工具及风动扳手拆卸车辆左右后轮胎</td><td colspan="2">选用工具</td><td colspan="2">风动扳手套筒工具</td></tr>
<tr><td colspan="2">每个轮胎固定螺母数</td><td colspan="2">4 个</td></tr>
<tr><td colspan="2">固定螺栓套筒规格</td><td colspan="2">21 mm</td></tr>
<tr><td rowspan="3"></td><td rowspan="2">（3）排除管路中的旧制动液</td><td>工具</td><td>梅花扳手、废液收集瓶</td><td>油管扳手规格</td><td>8 mm</td></tr>
<tr><td>操作步骤</td><td colspan="3">1. 取下排气螺栓帽
2. 将油管扳手套入排气螺栓
3. 连接制动液收集瓶排气管
4. 拧松排气螺栓
5. 放出旧制动液
6. 拧紧排气螺栓</td></tr>
<tr><td>注意事项</td><td colspan="4">操作前后都要清洁轮排气螺栓周围</td></tr>
</table>

（续表）

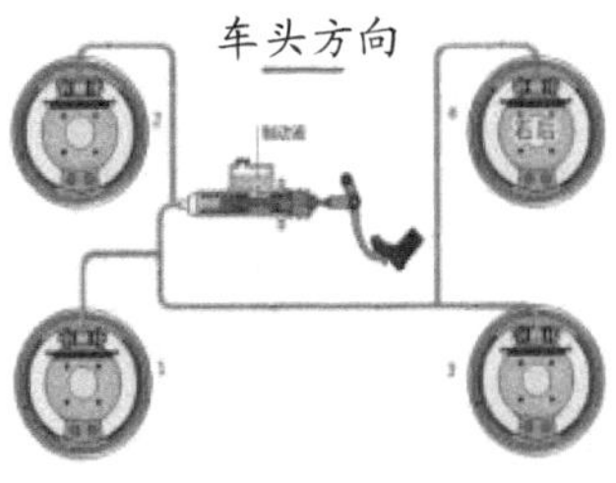	（4）重复上述步骤回收其他轮缸制动液	轮缸制动液回收顺序	左前→右前→左后→右后
		每缸的制动液排放量	左前：0.25 L 右前：0.25 L 左后：0.25 L 右后：0.25 L
	注意事项	抽出轮缸旧制动液时，应及时观察制动液储液罐中的制动液是否充足，避免空气进入制动系统	

（6）制动系统排放空气（注：此步骤为人工排气时两人配合的操作方法，当采用专用加注设备时不需要此步骤）。

表 8.38 制动系统排放空气

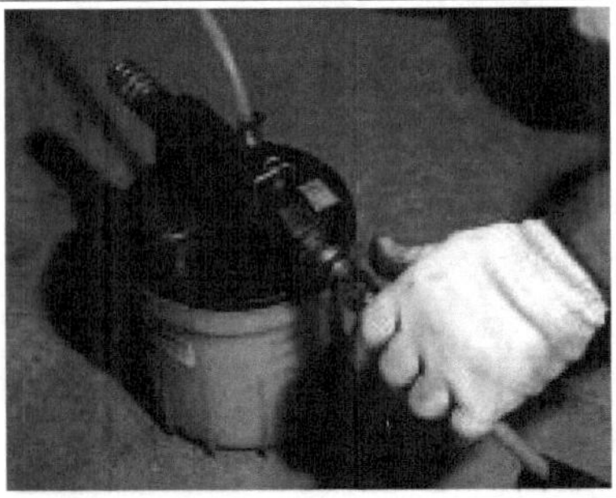	点火开关位置	☐ LOCK ☐ ACC ☑ ON ☐ START
	工具材料	梅花扳手、废油收集器、扭力扳手、抹布
	排气螺栓力矩	10 N·m
	轮缸排气顺序	左前→右前→左后→右后
车内外人员操作	① 车内人员踩制动踏板数次，然后踩住制动踏板。车外人员旋松排气螺栓，然后观察制动液的流出情况。车外人员拧紧排气螺栓。车内人员抬起制动踏板，按此操作数次，直到流出的制动液中无气泡。车外人员取下制动液收集器和梅花扳手（清洁） ② 用扭力扳手紧固排气螺栓，盖上排气螺栓帽。检查制动储液罐的液位，必要时添加	
注意事项	① 在两人操作过程中，相互指令要简洁明确，避免操作失误 ② 复习制动液时，液量不得超过上限（MAX）刻线。制动液不能与其他类型混用 ③ 在进行排气作业后，应注意拧紧储液罐盖，尽量缩短制动液接触空气的时间，以防制动液接触空气，吸收空气中的水分，降低制动液性能	

（7）制动性能试验。

表 8.39 制动性能试验

	（1）确认各制动管路无泄漏	☑正常☐泄漏	
	（2）安装车轮，并旋入固定螺栓	☑完成	
	（3）踩住制动踏板并保持制动位置，用力转动前后车轮	车轮状态	☑均固定不转动 ☐有的能够转动

（续表）

  	（4）放松制动踏板，转动前后车轮	检查结果	☑正常□异常
		注意事项	如在检查过程中制动踏板发软，则表明制动系统内的空气没有完全排净，因此，需要重新进行排气作业
	（5）将车轮固定螺栓按照规定力矩拧紧	车轮状态	□有的固定不转动 ☑均能转动自如
		检查结果	☑正常□异常
	注意事项	选用工具	扭力扳手、套筒
		固定螺栓力矩	（110±10）N•m

表 8.40　制动性能实际检测

 	路面选择	☑平坦干燥□崎岖潮湿 ☑水泥路面□柏油路
	路面长度	□ < 150 m ☑ ⩾ 150 m
	低速时制动效果	□正常□制动跑偏□有故障显现
	车速 50 km/h 时制动距离	□ < 19 m □ ⩾ 19 m
	制动过程中方向盘操纵	□轻便灵活□沉重
	车辆有偏刹现象	□否□是，不可继续路试
	注意事项	试车中应遵守交通规则，并避免在交通繁忙时进行

五、质量检查

请实训指导教师检查本组作业结果，并针对实训过程出现的问题提出改进措施及建议。

表 8.41 质量检查

序号	评价标准	评价结果
1	相关物品及资料交接齐全无误	
2	安全、规范完成维护保养工作	
3	正确使用加注装置完成制动液加注	
4	完成制动系统空气排放，将空气完全排净，无安全隐患	
5	检查车况并在维修记录单签字	
综合评价	☆ ☆ ☆ ☆ ☆	
综合评语 （作业问题及改进建议）		

六、评价反馈

请根据自己在课堂中的实际表现进行自我反思和自我评价。

自我反思：

自我评价：

七、实训成绩单

表 8.42 实训成绩单

项目	评分标准	分值	得分
接受工作任务	明确工作任务，准确记录客户及车辆信息	5	
信息收集	掌握工作相关知识及操作要点	15	
制订计划	计划合理可行	10	
计划实施	操作前做好场地设备工具的准备工作	3	
	使用制动液加注及排气装置回收总泵制动液	5	
	给制动液储液罐加注符合规定的制动液	10	
	根据举升机操作规范举升车辆	5	

（续表）

项目	评分标准	分值	得分
计划实施	使用专用套筒工具及风动扳手拆卸车辆两后轮	3	
	选用合适的工具松开或拧紧排气螺栓	10	
	排除制动管路中的旧制动液并及时给储液罐添加新制动液	3	
	两人配合完成制动系统排放空气操作	5	
	更换制动液后，两人配合检查制动系统的制动效果	3	
	能在操作结束后整理清洁场地	10	
	操作前做好场地设备工具的准备工作	3	
质量检查	按照要求完成相应任务	5	
评价反馈	经验总结到位，合理评价	5	
得分（满分100）			

项目九　电动助力转向系统维护保养

实训　电动助力转向系统基本检查

表 9.1　实训目标

指导教师		参考学时	6 学时
实训目标	1. 能说出并识别转向系统基本结构和助力装置 2. 能检查并正确判断方向盘自由行程是否符合标准 3. 能检查方向盘是否有松旷现象 4. 能检查方向盘的锁止装置是否正常 5. 能检查方向盘自动回位情况 6. 能检查转向横拉杆球头的间隙、紧固程度及防尘套状态 7. 能检查转向助力功能并分析故障原因 8. 能处理电动助力转向故障		

一、接受工作任务

客户王先生是北汽新能源 EV 系列轿车车主，今日来店做维护保养。据客户反映近期行车过程中转向盘转向偏重，希望维护保养时能够重点对车辆转向系统进行检查。

二、知识复习

（1）请说出汽车转向系统的基本组成。

汽车转向系统一般由方向盘、转向轴、转向器、横拉杆、转向节、转向节臂、转向车轮等构成，但随着转向系的类型不同，其结构组成又有所差异。转向器是整个转向系统的核心部件，作用是放大驾驶员传递的力并同时改变力的传递方向，常见的形式有齿轮齿条式、循环球式、蜗杆曲柄指销式等。如图 9.1 所示

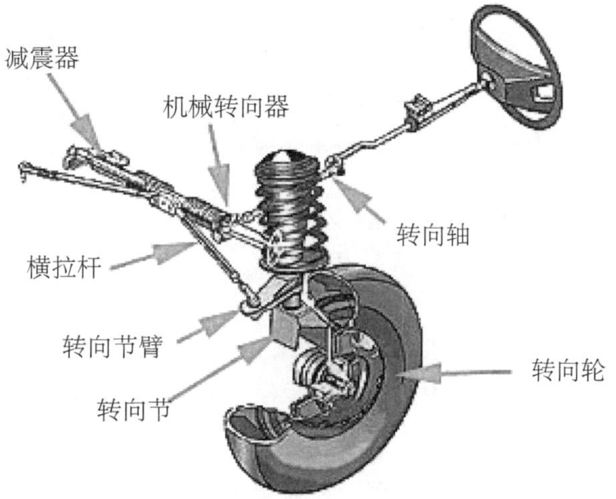

图 9.1　汽车转向系统

（2）电动汽车采用的 EPS 主要由方向盘、转向助力电动机、转向器、转向横拉杆等机械装置和转向扭矩传感器、转向电子控制单元（ECU）、车轮轮速传感器等电子元件组成 .

（3）请在图 9.2 中复习北汽新能源系列电动汽车的 EPS 结构。

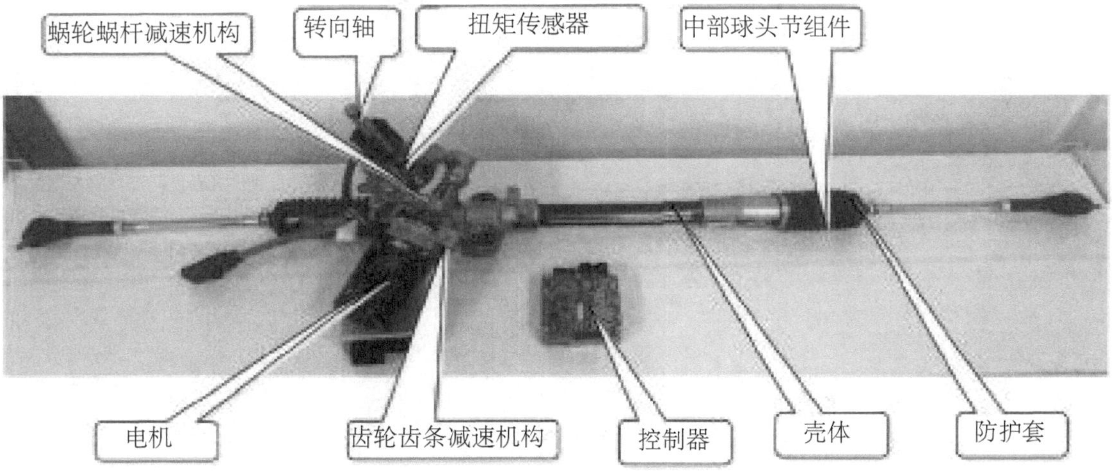

图 9.2　EPS 结构

（4）EPS 类型。

表 9.2 EPS 类型

类型	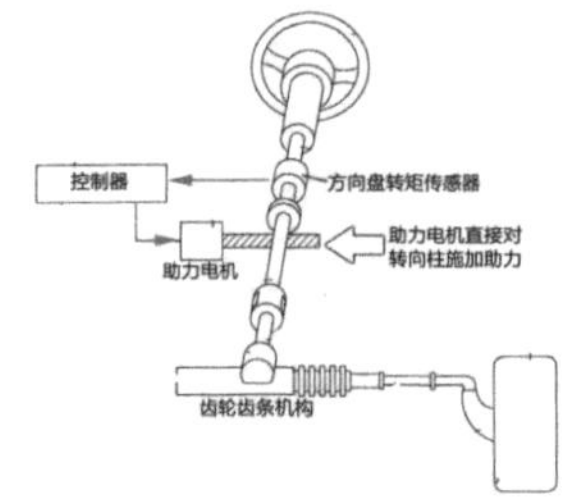	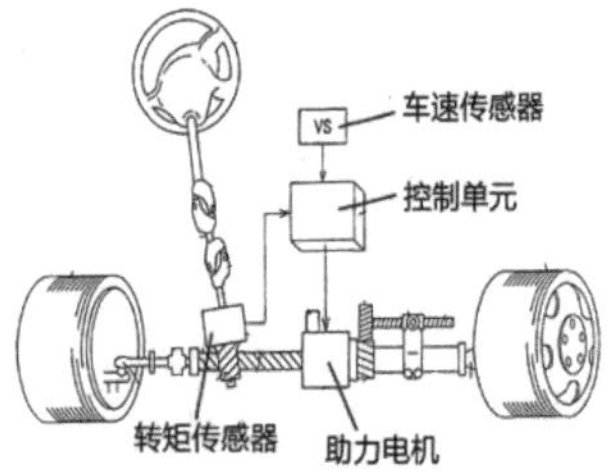
施力对象	对转向柱施加助力	对转向横拉杆施加助力
特点		结构紧凑、便于布置

（5）（多选）EPS 使用的电动机分为（CD）。

A. 交流电机　　B. 开关磁阻电机　　C. 有刷直流电机　　D. 无刷直流电机

（6）扭矩传感器的结构及控制原理。

扭矩传感器由扭力原件（扭力弹簧）和电测原件组成，由两个带孔圆环、线圈、线圈盒及电路板组成。它获得方向盘上操作力大小和方向信号，并把它们转换为电信号，传递到 EPS 控制器。

（7）蜗杆传动由蜗杆、蜗轮组成。涡轮和蜗杆两轴交错角为 90°。

（8）请根据北汽新能源 EV200/160 EPS 控制策略画出其电气原理图。

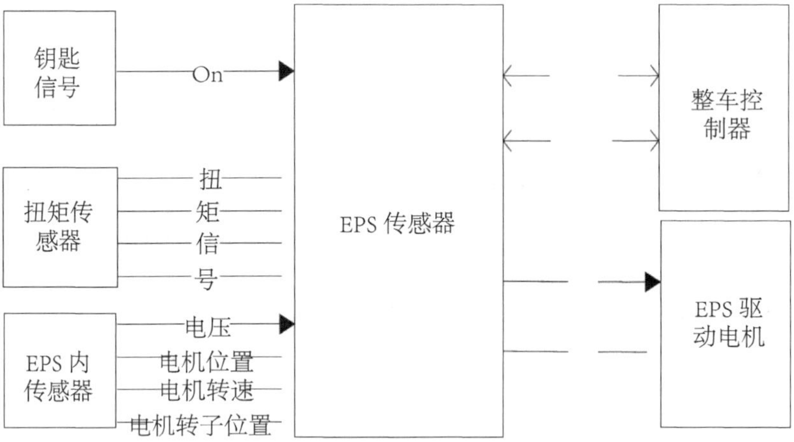

图 9.3 电气原理图

（9）EPS 的助力作用受 ECU 控制，在低速转向时的助力作用最强，随着车速的升高助力作用逐渐减弱，当车速达到一定时电脑停止向电动机供电，转向变为完全由驾驶员人力操纵。

（10）检查方向盘时，将车辆固定在平坦坚实的地面，车轮朝向正前方，依次检查：

方向盘旷动情况、方向盘的自由间隙。

（11）（多选）如果方向盘运动不在规定自由间隙的范围内，检查以下部位（ABCDE）。

A. 转向横拉杆球头是否磨损　B. 下部球接头是否磨损　C. 转向轴接头是否磨损

D. 转向小齿轮或齿轮齿条是否磨损或破裂　E. 其他部件是否松动

（12）转向助力功能检查的方法是：

① 在道路试车过程中，通过原地转向、低速行驶中转向，检测转向时方向是否有沉重，助力效果不足等故障。

② 将方向盘分别向左右打至极限位置，检测是否有方向盘抖动、转向机异响等故障。

（13）请简述电子液压助力转向系统的优缺点：

优点：降低能耗，反应更灵敏，转向助力大小也能根据转角、车速等参数自行调节。

缺点：制造、维修成本高，使用稳定性不好。

（14）电子液压助力转向系统包括车速传感器、电磁阀、转向 ECU、助力电机等。

（15）请在图 9.4 中复习各部件名称。

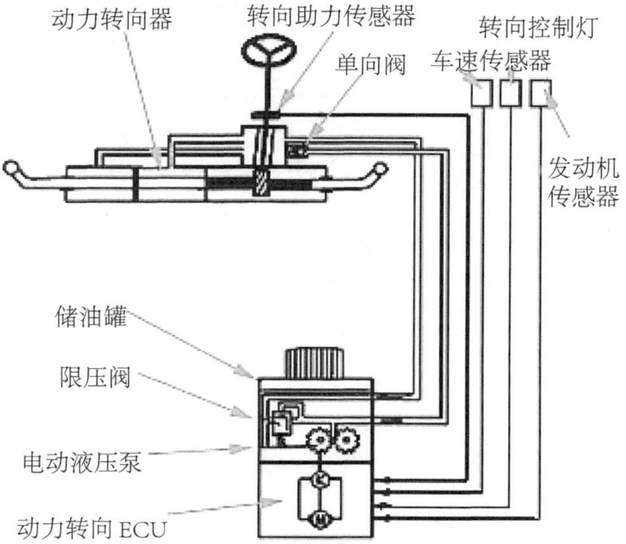

图 9.4　各部件组成

三、制订计划

（1）根据车辆维护保养要求，制订转向系统基本检查的作业计划。

表 9.3　作业计划

作业流程		
序号	作业项目	操作要点
1	维修作业前检查及车辆防护	高压安全及防护
2	检查方向盘	测量方向盘自由行程，检查方向盘松旷情况、锁止情况、自动回位情况

（续表）

序号	作业项目	操作要点
3	检查转向助力功能	路试感受车辆助力功能状态
4	检查转向横拉杆球头的间隙、紧固程度及防尘套状态	识别转向横拉杆球头及其状态
5	EPS 故障处理	
计划审核	审核意见： 年　月　日　签字：	

（2）请根据维修作业计划，完成小组成员任务分工。

表 9.4 任务分工

操作人		记录员	
监护人		展示员	
作业注意事项			
（1）实训开始前应做好个人着装准备和工具准备 （2）当多人作业，起动运转设备或机器时，必须事先发出起动操作信号，并确认安全后方可起动，并且机器设备运行时，身体及衣服应远离转动部件 （3）当使用汽车举升机时应严格按照举升机的操作规程进行作业 （4）当进入车内检查转向系统时，应先铺好维护保养三件套			
检测设备 / 工具 / 材料			
序号	名称	数量	清点
1	北汽实训用车	1 辆	☑已清点
2	龙门式双柱举升机	1 台	☑已清点
3	扭力扳手	1 把	☑已清点
4	隔离柱	4 个	☑已清点
5	警戒线	1 卷	☑已清点
6	警示标识牌	1 套	☑已清点
7	维护保养三件套	1 套	☑已清点
8	翼子板防护垫	1 个	☑已清点
9	实训工装	1 套	☑已清点
10	线手套	1 双	☑已清点
11	万用表	1 只	☑已清点

四、计划实施

（1）请完成纯电动汽车维修作业前检查及车辆防护，并记录信息。

① 维修作业前现场环境检查。

表 9.5　环境检查

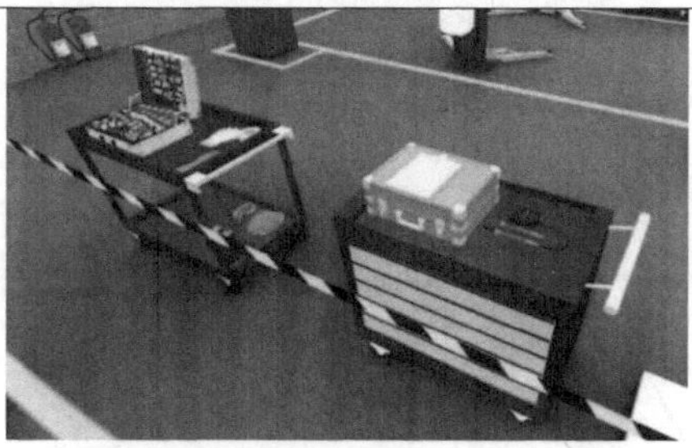	作业内容： 扭力扳手、尺子外观及性能检查 作业结果： 外观检查良好，绝缘万用表及放电工装性能正常

② 维修作业前防护用具检查。

表 9.6　防护用具检查

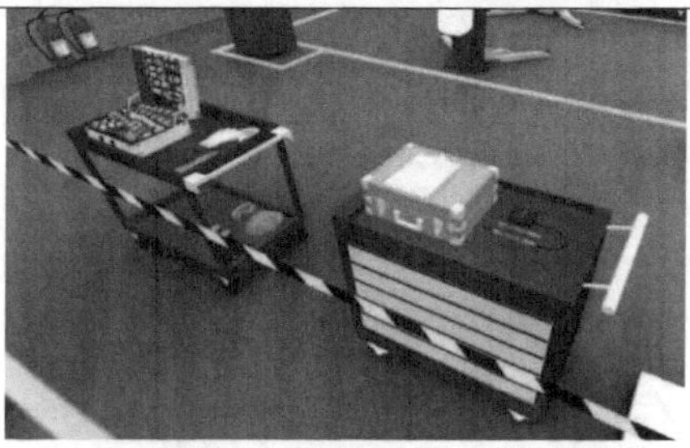	作业内容： 扭力扳手、尺子外观及性能检查 作业结果： 外观检查良好，绝缘万用表及放电工装性能正常

③ 维修作业前仪表工具检查。

表 9.7　工具检查

	作业内容： 扭力扳手、尺子外观及性能检查 作业结果： 外观检查良好，绝缘万用表及放电工装性能正常

④ 维修作业前实施车辆防护。

表 9.8　车辆防护

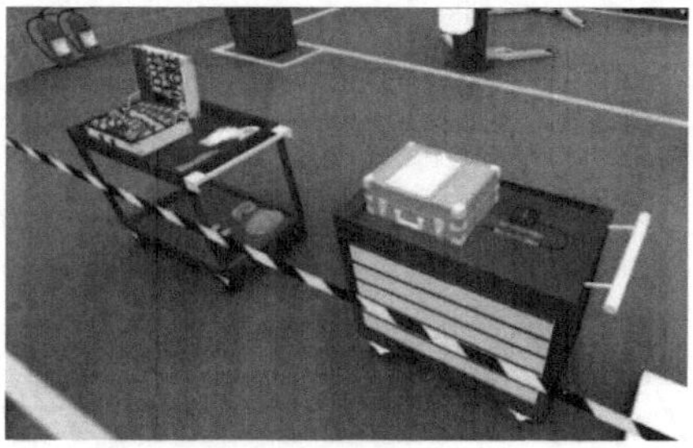	作业内容： 扭力扳手、尺子外观及性能检查 作业结果： 外观检查良好，绝缘万用表及放电工装性能正常

（2）请检查方向盘。

① 方向盘自由行程的检查。

表 9.9 方向盘自由行程检查

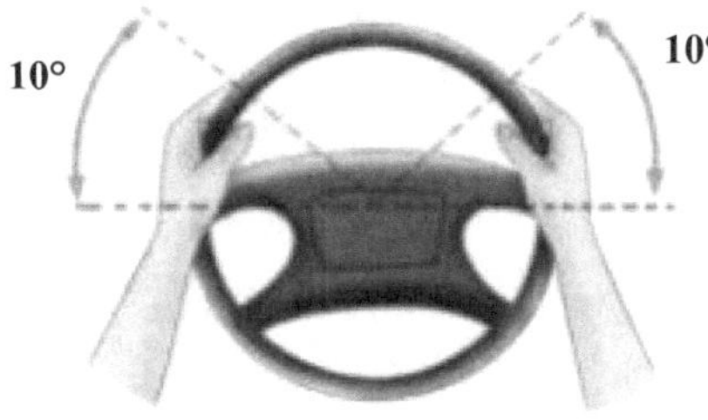	操作	将车辆停放在平坦、坚实的路面上，保持前轮处于直行状态，转动方向盘
	方向盘的自由行程	10° ~ 15°
	影响因素	转向操纵机构、方向盘、转向传动机构、转向主销与转向主销衬套间隙及轮毂轴承间隙等

② 方向盘松旷情况检查。

表 9.10 方向盘松旷情况检查

 	检查方向及结果	上下方向	☑正常☐松旷
		前后方向	☑正常☐松旷
		左右方向	☑正常☐松旷
		轴向方向	☑正常☐松脱
	方向盘松旷时，应调整的部件为	首先调整齿条导块，其次检查转向机构的安装是否松旷，进行紧固	
	调整后的重点检查部位	转向柱装配螺栓及螺母、方向盘螺栓及螺母、转向万向节螺栓，横拉杆球头、球笼接头移动是否顺畅，接头有无损坏	

③ 方向盘锁止情况检查。

表 9.11 方向盘锁止情况检查

	检查方向盘锁止状态	点火开关位置	☑ LOCK ☐ ACC ☐ ON ☐ START
		方向盘状态	锁死不转动
	检查方向盘解锁状态	点火开关位置	☐ LOCK ☑ ACC ☐ ON ☐ START
		方向盘状态	自由转动

④ 方向盘自动回位情况的检查。

表 9.12　方向盘自动回位情况的检查

	方向盘左右两侧回正力	☐左侧 > 右侧 ☐左侧 < 右侧 ☑左侧 = 右侧	
	方向盘自动回位情况	车速	23 ～ 30 km/h
		方向盘角度	90°
		保持时间	1 ～ 2 s
		方向盘回位	☑70° 以上 ☐ 70° 以下

（3）请检查转向助力功能。

表 9.13　检查转向助力功能

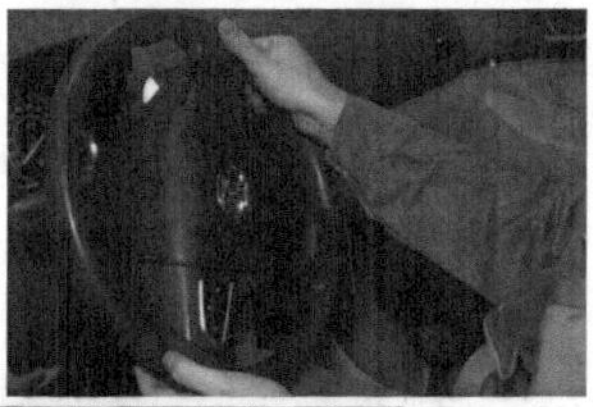	（1）原地转向	点火开关位置	☐ LOCK　☐ ACC ☑ ON　☐ START
		检查结果	☑正常 ☐沉重 ☐助力不足
	（2）低速行驶中转向	点火开关位置	☐ LOCK　☐ ACC ☑ ON　☐ START
		检查结果	☑正常 ☐沉重 ☐助力不足
	（3）将方向盘分别打至左、右极限位置	点火开关位置	☐ LOCK　☐ ACC ☑ ON　☐ START
		右极限	☑正常 ☐方向盘抖动 ☐转向机异响
		左极限	☑正常 ☐方向盘抖动 ☐转向机异响

（4）请检查转向横拉杆球头的间隙、紧固程度及防尘套状态。

表 9.14　检查转向横拉杆球头的间隙、紧固程度及防尘套状态

	（1）举升车辆（车轮悬空），检查转向横拉杆球头的间隙	操作方法	摆动车轮和转向横拉杆
		检查结果	☑正常 ☐异常

（续表）

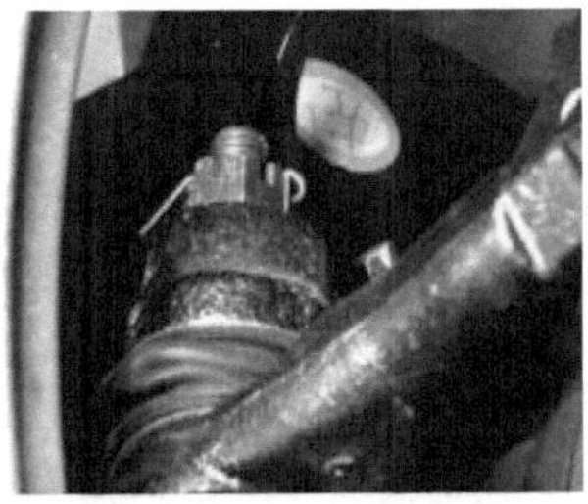	（2）检查转向横拉杆球头的固定螺母是否牢固	选用工具	扭力扳手
		标准扭矩	50 N·m
		检查结果	☑牢固 □不牢固
		注意事项	各螺纹部位不应有损坏，与螺塞配合不松旷，否则应更换
	（3）检查转向横拉杆防尘套有无损坏和安装位置是否正确	防尘套状态	☑正常 □损坏 □位置正确 □位置错误

（5）EPS 故障处理。

表 9.15 EPS 故障处理

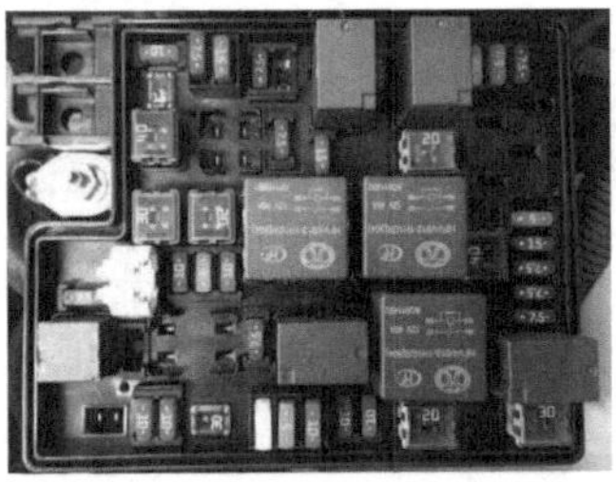	检查主保险丝和线路保险丝	检查结果	☑完好 □断开
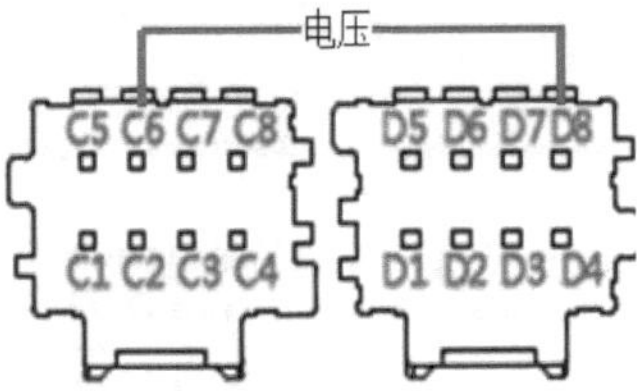	检查终端“D8”和控制盒体接地之间的电压	点火开关位置	□ LOCK □ ACC ☑ ON □ START
		电压值	12 V
		整车信号线断开或短路	□是 ☑否
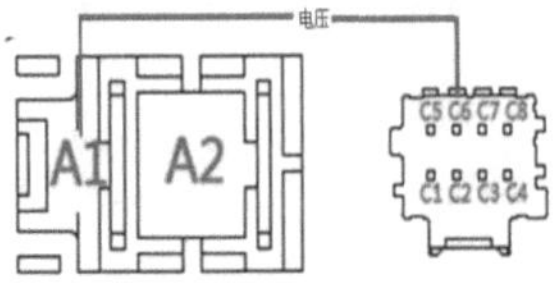	检查终端“A1”和控制盒体接地之间的电压	电压值	12 V
		整车电源线断开或短路	□是 ☑否

（续表）

	整车无助力可以行驶	检查结果	☑是☐否
		CAN 通信不畅	☐是 ☑否
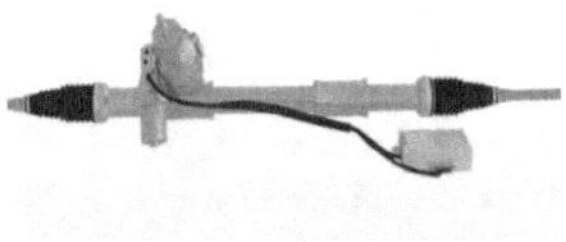	检查插头与 EPS 控制盒之间连接是否牢靠	检查结果	☑是☐否
		搭铁不良	☐是☑否
		更换 EPS 控制盒	☑是☐否
		重新检查	☑是☐否

五、质量检查

请实训指导教师检查本组作业结果，并针对实训过程出现的问题提出改进措施及建议。

表 9.16　质量检查

序号	评价标准	评价结果
1	相关物品及资料交接齐全无误	
2	安全、规范完成维护保养工作	
3	根据用户用车情况对车辆方向盘、助力转向功能进行检查和调整	
4	举升车辆并检查转向横拉杆球头的间隙、紧固程度及防尘套状态	
5	检查车况并在维修记录单签字	
综合评价	☆ ☆ ☆ ☆ ☆	
综合评语（作业问题及改进建议）		

六、评价反馈

请根据自己在课堂中的实际表现进行自我反思和自我评价。

自我反思：

自我评价：

七、实训成绩单

表9.17 实训成绩单

项目	评分标准	分值	得分
接受工作任务	明确工作任务，准确记录客户及车辆信息	5	
信息收集	掌握工作相关知识及操作要点	15	
制订计划	计划合理可行	10	
计划实施	操作前做好场地设备工具的准备工作	3	
	能够检查并正确判断方向盘自由行程是否标准	10	
	能够检查方向盘是否有松旷现象	5	
	能够检查方向盘的锁止装置是否正常	8	
	能够检查方向盘自动回位情况	8	
	根据举升机操作规范举升车辆	3	
	能够检查转向横拉杆球头的间隙、紧固程度及防尘套状态	10	
	能够检查转向助力功能	10	
	能在操作结束后整理清洁场地	3	
质量检查	按照要求完成相应任务	5	
评价反馈	经验总结到位，合理评价	5	
得分（满分100）			

项目十　电动汽车车身电器设备维护保养

实训一 电动汽车车身电器的维护保养

表 10.1 实训目标

指导教师		参考学时	6 学时
实训目标	1. 能识别仪表盘上各个指示灯，并说明其含义 2. 能熟练配合搭挡检查车外各灯光状态，并调节大灯光束 3. 能检查电动天窗并清洁、润滑滑动导轨 4. 能检查安全气囊和安全带并正确判断是否需要维修 5. 能检查机舱线束及接插件状态，确定其是否需要更换或修复 6. 能检查低压蓄电池固定情况和工作状态，并测量其静态放电电流		

一、接受工作任务

客户王先生今日来店做维护保养。王先生反映近期夜间行车较多，且进入夏季后风窗刮水器、天窗等车辆电器设备使用较多，需要重点对车辆电器及设施进行检查。维修技师刘强将此项任务交给了实习生王磊，王磊对这辆纯电动汽车的电器及设施的外观及功能进行了检查。

二、知识复习

（1）（多选）下列选项中属于汽车车身电器能够为汽车汽车驾驶和乘坐提高的性能的是（ACD）。

A. 安全性 B. 美观性 C. 经济型 D. 娱乐性

（2）电动汽车车身电气一般包含：低压电源、低压用电设备、电子控制设备、配电设备四部分。

（3）（判断）电动汽车上所有的舒适娱乐系统都是通过低压电源供电。（×）

（4）配电设备包括中央接线盒、保险盒、开关、继电器、插接器和导线等。

（5）（多选）以下属于电动汽车车身特点的是（ACDE）。

A. 直流 B. 橙色线 C. 低压 D. 负极搭铁 E. 单线制

（6）请根据图 10.1 复习低压蓄电池结构名称。

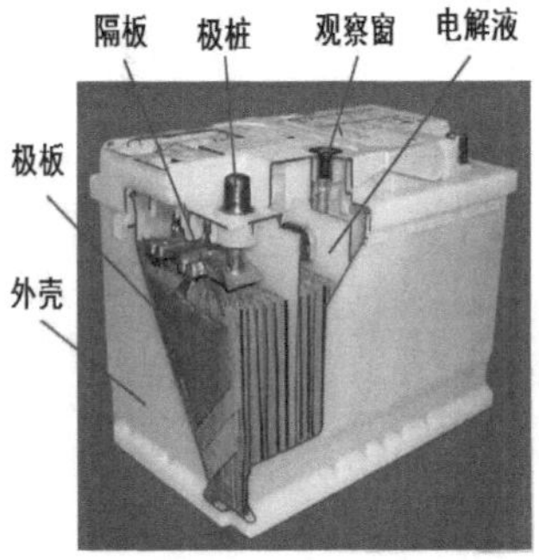

图 10.1 低压蓄电池结构

（7）识别北汽新能源 EV200 仪表各个指示灯含义。

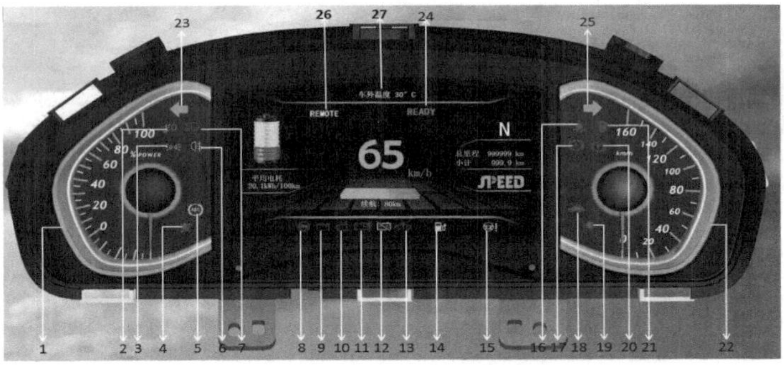

图 10.2 EV200 仪表指示灯

表 10.2 仪表灯含义

1	驱动电机功率表	2	前雾灯	3	示廓灯
4	安全气囊指示灯	5	ABS 指示灯	6	后雾灯
7	远光灯	8	跛行指示灯	9	蓄电池故障指示灯
10	电机及控制器过热指示灯	11	动力电池故障指示灯	12	动力电池断开指示灯

（续表）

13	系统故障灯	14	充电提醒灯	15	EPS 故障指示灯
16	安全带未系指示灯	17	制动故障指示灯	18	防盗指示灯
19	充电线连接指示灯	20	手刹指示灯	21	门开指示灯
22	车速表	23/25	左 / 右转向指示灯	24	READY 指示灯
26	REMOTE 指示灯	27	室外温度提示		

（8）电动汽车铅酸蓄电池作为低压电源，为车身电器和动力电池管理系统提供电能。电压不足时由动力电池通过 DC/DC 转换器复习电能。

（9）（多选）如果出现以下（ABCD）情况，需对蓄电池进行放电电流测试。

A. 已充电的蓄电池在短时间内亏电　　B. 车辆行驶一定里程后蓄电池亏电

C. 车辆起动时，仪表闪烁　　D. 车辆停放一夜或几天后不能正常起动

（10）全车灯光检查的项目有哪些？

全车灯光检查项目：仪表背光灯、阅读灯、小灯（示廓灯）、前大灯（近光灯）、前大灯（远光灯）、近光－远光变换、雾灯（前后）、转向灯（左右 / 前后）、刹车灯、倒车灯、警示灯（前后）。

（11）带卤素灯泡的主前照灯的倾斜度为：1.0%。百分数与 10 m 的投影距离有关。侧大灯的调节螺栓与右侧大灯呈对称布置。分别为用于高度调整的调节螺栓和用于侧向调整的调节螺栓。调节雾灯倾斜度，倾斜尺寸：前雾灯 20 cm。

（12）请在表 10.3 中复习北汽新能源 EV200 电动天窗操作键的作用。

表 10.3　EV200 电动天窗操作键的作用

翘起状态的操作		滑动状态的操作	

持续按住或点触 TILT UP 键	持续按住 SLIDE OPEN 键	持续按住或点触 SLIDE OPEN 键	持续按住或点触 TILT UP 键
处于关闭状态的天窗玻璃翘起通风	关闭处于翘起通风位置的天窗	处于关闭状态的天窗玻璃向后移动	关闭处于滑动打开的天窗
在点触翘起过程中点击任一按钮，天窗可停在任一位置	此过程中天窗不具有防夹功能	在此过程中点击任一按钮，天窗可停在任一位置	点触关闭过程中再次按住按钮，天窗停止运动。持续按住关闭按钮过程中天窗不具有防夹功能

（13）检查带有观察孔的蓄电池。

蓄电观察孔中可能有三种不同的颜色显示，其各自代表的含义：

“绿色”：蓄电池已充分充电。

“黑色”：蓄电池部分充电，充电状态 <65% 或者放电。

“无色或者黄色”：必须更换蓄电池。观察孔呈无色或者淡黄色时，不得对蓄电池进行检测或充电。

（14）北汽新能源 EV 系列辅助蓄电池参数。

表 10.4 EV 辅助蓄电池

蓄电池类型	免维护
蓄电池额定值	60 A·h
电压和电极	正极 12 V，负极接地

（15）低压蓄电池放电电流的测试步骤。

① 将点火开关置于 LOCK 挡，关闭车门及所有用电设备。

② 确认车内所有用电设备处于关闭状态。

③ 拆掉蓄电池负极侧接柱线束。

④ 万用表表笔接于蓄电池负极极柱，另一表笔接于蓄电池负极线。这时万用表会显示一个电流，电流的大小会随着时间的延长而变化。

⑤ 1 min 后电流会下降到最小值。通过测量放电电流可以了解车辆是否存在漏电现象。测量正常值：30 mA 以下。

（16）前机舱的高压线束有哪些？连接的部件分别是什么？快充线束：连接快充口到高压控制盒之间的线束。慢充线束：连接慢充口到车载充电机之间的线束。

动力电池高压电缆：连接动力电池到高压盒之间的线缆。电机控制器电缆：连接高压盒到电机控制器之间的线缆。

高压附件线束：连接高压盒到 DC/DC 转换器、车载充电机、空调压缩机、空调 PTC 之间的线束。

三、制订计划

（1）根据车辆维护保养要求，制订针对车辆电器及设施基本检查的作业计划。

表 10.5 作业计划

作业流程		
序号	作业项目	操作要点
1	维修作业前检查及车辆防护	高压安全及防护
2	检查仪表指示灯	识别故障指示灯

（续表）

3	检查仪表背光灯、收音机、阅读灯和车外灯光	灯光检查手势的使用
4	检查车身附件	车身附件的使用操作
5	检查机舱线束及接插件	机舱线束的识别
6	检查低压蓄电池状态并检测放电电流	万用表的使用
计划审核	审核意见:	

（2）请根据维修作业计划，完成小组成员任务分工。

表 10.6 任务分工

操作人		记录员	
监护人		展示员	
作业注意事项			
（1）实训开始前应做好个人着装准备、场地准备和工具准备 （2）进入车内操作前，应先铺好维护保养三件套 （3）在进行前机舱操作之前，应先铺设翼子板防护垫 （4）当多人作业,起动运转设备或机器时,必须事先发出起动操作信号,并确认安全后方可起动,并且机器设备运行时，身体及衣服应远离转动部件 （5）当使用万用表时应选择正确的挡位和量程，并且在使用过后及时关闭 （6）检查前机舱线束及插接件时需要做好绝缘防护准备，并配有操作监护人			
检测设备 / 工具 / 材料			
序号	名称	数量	清点
1	北汽实训用车	1 辆	☑已清点
2	绝缘工具箱	1 箱	☑已清点
3	万用表	1 只	☑已清点
4	高压防护用具	1 套	☑已清点
5	润滑油脂	1 瓶	☑已清点
6	隔离柱	4 个	☑已清点
7	警戒线	1 卷	☑已清点
8	警示标识牌	1 套	☑已清点
9	维护保养三件套	1 套	☑已清点
10	翼子板防护垫	1 个	☑已清点
11	实训工装	1 套	☑已清点
12	线手套	1 双	☑已清点

四、计划实施

（1）请完成纯电动汽车维修作业前检查及车辆防护，并记录信息。

① 维修作业前现场环境检查。

表 10.7 环境检查

	作业内容： 检查绝缘垫，设立隔离柱，布置警戒线，张贴警示牌 作业结果： 现场环境达标，隔离距离正常，警示标牌清晰

② 维修作业前防护用具检查。

表 10.8 防护用具检查

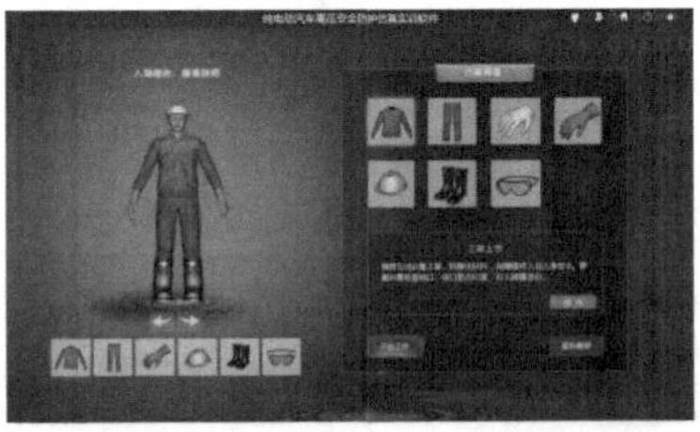	作业内容： 绝缘手套、绝缘鞋、护目镜、安全帽外观及性能检查 作业结果： 外观检查良好，绝缘手套及绝缘鞋技术参数合格

③ 维修作业前仪表工具检查。

表 10.9 工具检查

	作业内容： 绝缘万用表、绝缘工具箱外观及性能检查 作业结果： 外观检查良好，绝缘万用表及放电工装性能正常

④ 维修作业前实施车辆防护。

表 10.10 车辆防护

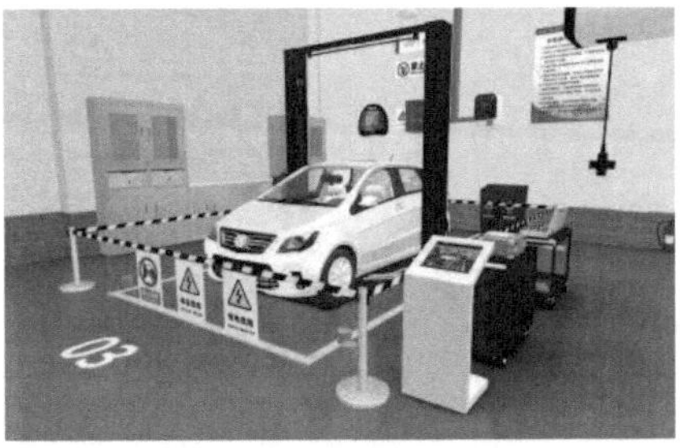	作业内容： 铺设翼子板防护垫、汽车维修三件套、脚垫 作业结果： 车辆防护实施完毕，可以进行故障诊断维修任务

（2）请检查仪表指示灯。

表 10.11　检查仪表指示灯

<table>
<tr><td colspan="2">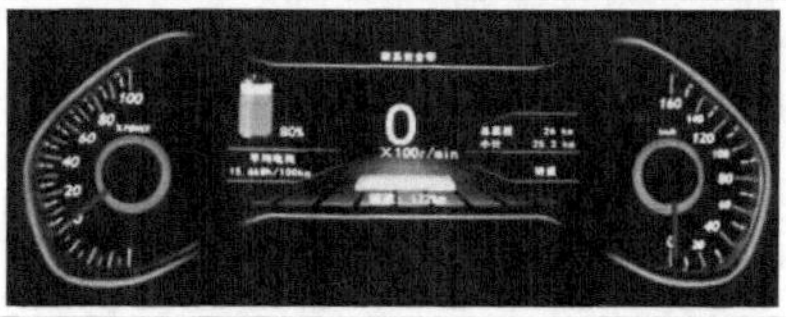</td><td>目测仪表显示内容</td><td>□正常　□异常</td></tr>
<tr><td colspan="4">选出实车上亮起的指示灯并说明其含义</td></tr>
<tr><td>□ ABS 指示灯</td><td>□跛行指示灯</td><td>□蓄电池故障指示灯</td><td>□电机及控制器过热指示灯</td></tr>
<tr><td>□动力电池故障指示灯</td><td>□动力电池断开指示灯</td><td>□系统故障灯</td><td>□充电提醒灯</td></tr>
<tr><td>□ EPS 故障指示灯</td><td>□制动故障指示灯</td><td>□充电线连接指示灯</td><td>□ REMOTE 指示灯</td></tr>
<tr><td>□防盗指示灯</td><td>□手刹指示灯</td><td>□ READY 指示灯</td><td>□门开指示灯</td></tr>
</table>

（3）请检查仪表背光灯、收音机、阅读灯和车外灯光。

表 10.12　检查仪表灯光

<table>
<tr><td rowspan="4">手势</td><td>检查项目</td><td colspan="2">状态</td></tr>
<tr><td>仪表背光灯</td><td>□正常</td><td>□异常</td></tr>
<tr><td>收音机</td><td>□正常</td><td>□异常</td></tr>
<tr><td>阅读灯</td><td>□正常</td><td>□异常</td></tr>
<tr><td></td><td>小灯（示廓灯）</td><td colspan="2">□正常□异常</td></tr>
<tr><td>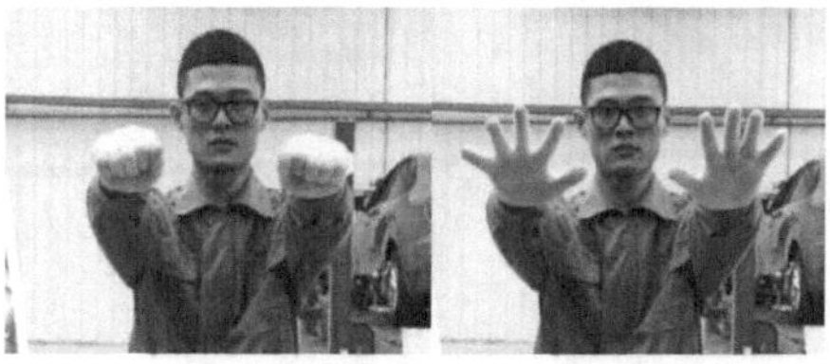</td><td>前大灯（近光灯）</td><td colspan="2">□正常□异常</td></tr>
<tr><td></td><td>前大灯（远光灯）</td><td colspan="2">□正常□异常</td></tr>
</table>

（续表）

	近光－远光变换	□正常□异常
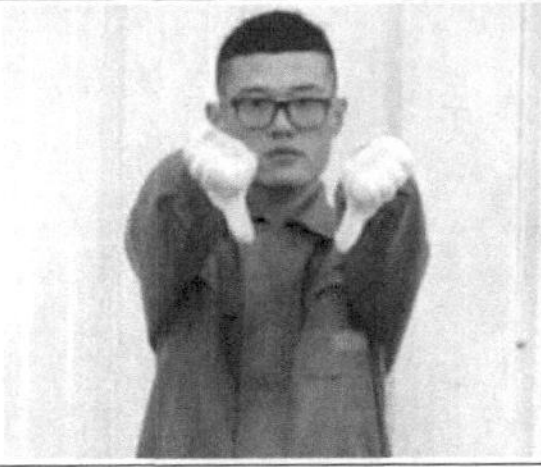	雾灯（前后）	□正常□异常
	转向灯（左右／前后）	□正常□异常
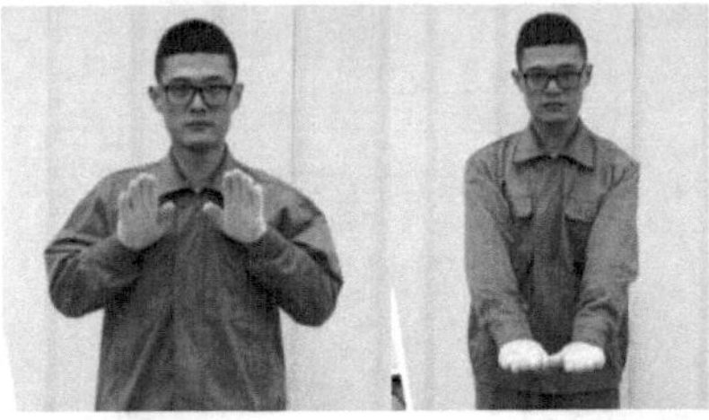	刹车灯	□正常□异常
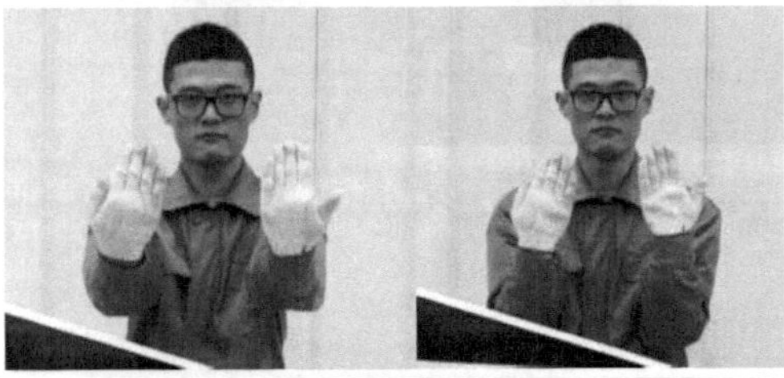	倒车灯	□正常□异常
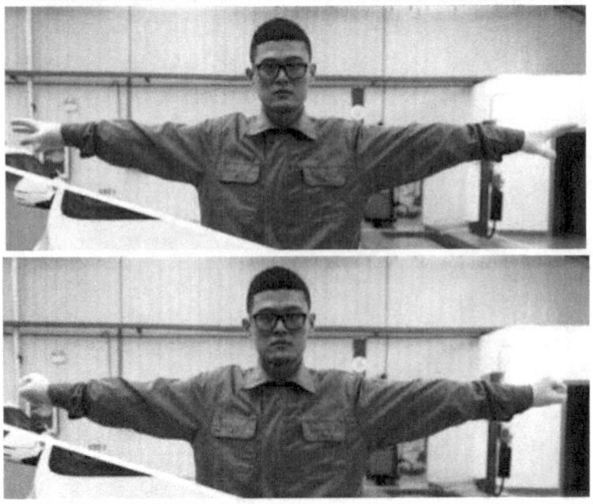	警示灯（前后）	□正常□异常

（续表）

<table>
<tr><td></td><td>检查完毕灯（前）</td><td>□正常□异常</td></tr>
<tr><td>调整主前照灯</td><td colspan="2">调整前雾灯</td></tr>
<tr><td>带卤素灯泡的主前照灯的倾斜度为：1.0%</td><td colspan="2">前雾灯倾斜尺寸：20 cm</td></tr>
<tr><td>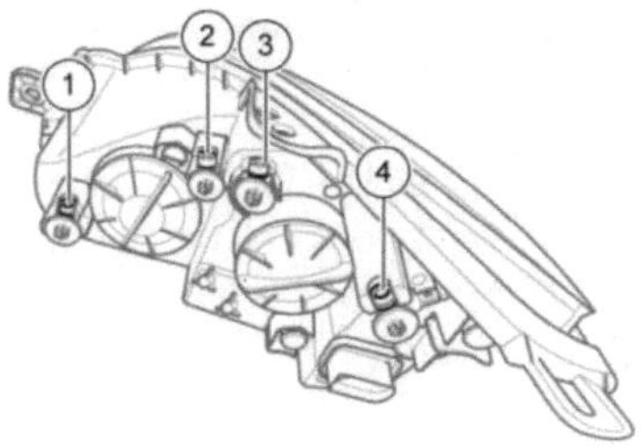</td><td colspan="2">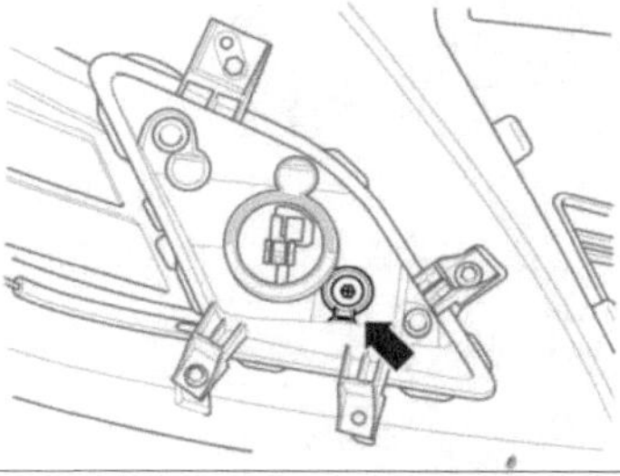</td></tr>
<tr><td>首先旋转调节螺栓①和③，调节主前照灯的照射高度
然后旋转调节螺栓②和④，左右方向调节主前照灯光线</td><td colspan="2">旋转调节螺栓（上图中箭头所示）以调节雾灯照明距离</td></tr>
</table>

（4）请检查电动天窗。

表 10.13　检查电动天窗

<table>
<tr><td rowspan="2"></td><td rowspan="2">（1）开启、关闭天窗，检测其功能状况</td><td>检查结果</td><td>☑正常　　□异常</td></tr>
<tr><td>润滑</td><td>☑需要□不需要</td></tr>
<tr><td>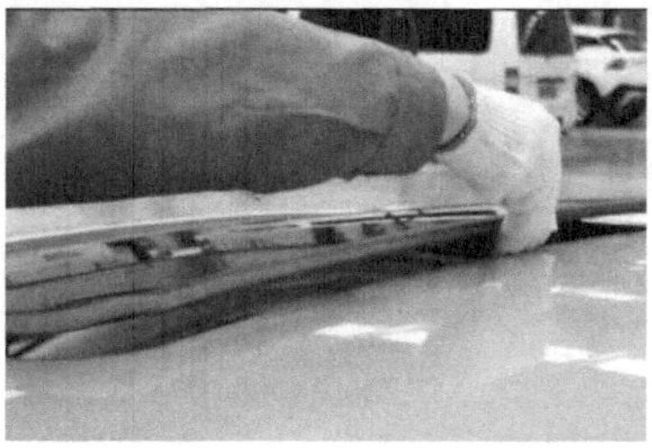</td><td>（2）清洁并用专用润滑油脂润滑天窗导轨</td><td>选用材料</td><td>润滑油脂、干净的软布</td></tr>
</table>

（5）请检查机舱线束及接插件。

表 10.14 检查机舱线束及接插件

<table>
<tr><td rowspan="11">
快充线束
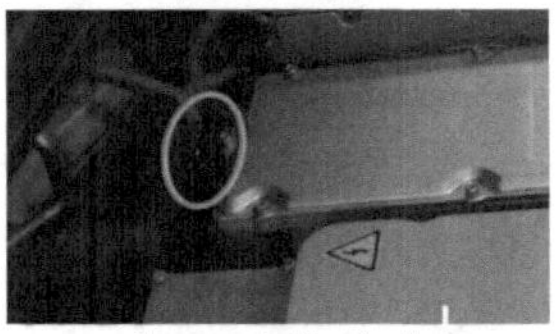
高压附件线束

动力电池高压线缆及电机</td><td>检查项目</td><td colspan="5">检查结果</td></tr>
<tr><td>快充线束</td><td>□正常</td><td>□过热</td><td>□变形</td><td>□松脱</td><td>□老化</td></tr>
<tr><td>慢充线束</td><td>□正常</td><td>□过热</td><td>□变形</td><td>□松脱</td><td>□老化</td></tr>
<tr><td>动力电池高压电缆</td><td>□正常</td><td>□过热</td><td>□变形</td><td>□松脱</td><td>□老化</td></tr>
<tr><td>电机控制器电缆</td><td>□正常</td><td>□过热</td><td>□变形</td><td>□松脱</td><td>□老化</td></tr>
<tr><td>高压附件线束</td><td>□正常</td><td>□过热</td><td>□变形</td><td>□松脱</td><td>□老化</td></tr>
<tr><td>整车控制器线束</td><td>□正常</td><td>□过热</td><td>□变形</td><td>□松脱</td><td>□老化</td></tr>
<tr><td>车载充电机低压线束</td><td>□正常</td><td>□过热</td><td>□变形</td><td>□松脱</td><td>□老化</td></tr>
<tr><td>DC/DC 转换器低压线束</td><td>□正常</td><td>□过热</td><td>□变形</td><td>□松脱</td><td>□老化</td></tr>
<tr><td>电机控制器低压线束</td><td>□正常</td><td>□过热</td><td>□变形</td><td>□松脱</td><td>□老化</td></tr>
<tr><td>高压控制盒低压线束</td><td>□正常</td><td>□过热</td><td>□变形</td><td>□松脱</td><td>□老化</td></tr>
</table>

（6）检查低压蓄电池状态并检测放电电流。

① 检查低压蓄电池的状态。

表 10.15 检查低压蓄电池

<table>
<tr><td rowspan="3">
</td><td>目测检查项目</td><td>检查结果</td><td>影响</td></tr>
<tr><td>蓄电池壳体</td><td>□正常
□损坏</td><td>壳体损坏会导致酸液流出，流出的蓄电池酸液会对车辆造成严重损坏</td></tr>
<tr><td>蓄电池极柱</td><td>□正常
□损坏</td><td>蓄电池电极损坏，将无法保证蓄电池接线端能接触良好</td></tr>
<tr><td>检测带有观察孔的蓄电池</td><td colspan="3">“绿色”：蓄电池已充分充电
“黑色”：蓄电池部分充电，充电状态 < 65% 或者放电
“无色或者黄色”：必须更换蓄电池</td></tr>
<tr><td>注意事项</td><td colspan="3">观察孔呈无色或者淡黄色时，不得对蓄电池进行检测或充电。</td></tr>
</table>

② 检查低压蓄电池是否正确固定。

表 10.16 检查低压蓄电池

选用工具	规格	检查结果	注意事项
扭力扳手	14 mm，15 N•m	□正常 □松旷	①如果未正确固定蓄电池，可能导致其损坏
			②震荡损坏会缩短蓄电池的使用寿命，有爆炸危险，会导致栅格损坏，并且固定卡子会损坏蓄电池壳体
			③检测电池是否牢固，必要时以规定的拧紧力矩拧紧固定螺栓

③ 检查低压蓄电池放电电流。

表 10.17 检查低压蓄电池放电电流

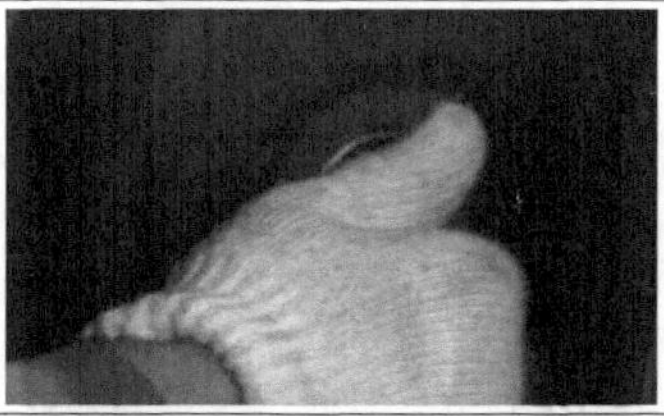	①关闭车门及所有用电设备	点火开关	☑ LOCK □ ACC □ ON □ START
	②确认车内所有用电设备处于关闭状态	全部处于关闭状态	☑是 □否
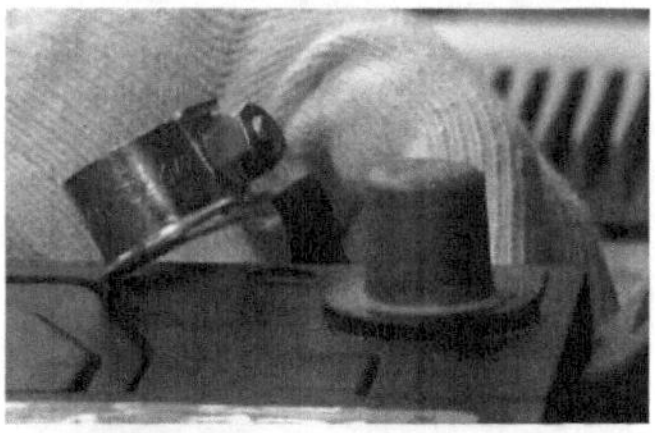	③拆掉蓄电池负极侧接柱线束	选用工具	开口扳手
		规格	10 mm
	④万用表两表笔分别接于蓄电池负极极柱和负极线	选用工具	万用表
	⑤一分钟后电流会下降到最小值	电流表最终读数	测量值：______ 正常值：30 mA 以下
检测目的	通过测量放电电流可以了解车辆是否存在漏电现象。		

五、质量检查

请实训指导教师检查本组作业结果，并针对实训过程出现的问题提出改进措施及建议。

表 10.18 质量检查

序号	评价标准	评价结果
1	相关物品及资料交接齐全无误	
2	安全、规范完成维护保养工作	
3	根据用户用车情况对车辆仪表、灯光、车身附件、机舱线束和低压蓄电池进行检查和调整	
4	使用万用表检测低压蓄电池放电电流	
5	检查车况并在维修记录单上签字	
综合评价	☆ ☆ ☆ ☆ ☆	
综合评语（作业问题及改进建议）		

六、评价反馈

请根据自己在课堂中的实际表现进行自我反思和自我评价。

自我反思：

自我评价：

七、实训成绩单

表 10.19 实训成绩单

项目	评分标准	分值	得分
接受工作任务	明确工作任务，准确记录客户及车辆信息	5	
信息收集	掌握工作相关知识及操作要点	15	
制订计划	计划合理可行	10	
计划实施	操作前做好场地设备工具的准备工作	5	
	能熟练使用灯光检查手势，配合搭挡检查车外各灯光状态	10	
	能根据检查结果在合理条件下，调节大灯光束	10	
	能检查电动天窗并润滑滑动导轨	10	

（续表）

项目	评分标准	分值	得分
计划实施	能检查机舱线束及接插件状态	5	
	能检查低压蓄电池固定情况和工作状态	5	
	能正确使用万用表测量低压蓄电池放电电流	10	
	能在操作结束后整理清洁场地	5	
质量检查	按照要求完成相应任务	5	
评价反馈	经验总结到位，合理评价	5	
得分（满分100）			

实训二　风窗玻璃清洗系统的维护保养

表 10.20 实训目标

指导教师		参考学时	2 学时
实训目标	1. 能说出洗涤液加注的标准液位并判断是否需要添加 2. 能说出洗涤液的作用及车辆对其防冻温度的要求 3. 能使用冰点测试仪检测洗涤液的浓度，并判断是否需要更换或添加 4. 能检查和调整刮水器橡胶片尖端和排水槽盖板的上边缘之间的间隙		

一、接受工作任务

客户王先生今日来店做保养。据客户反映近期车辆行驶环境较为恶劣，洗涤液使用较多，需要重点对车辆洗涤液进行检查。维修技师刘强接受了此项任务，对客户车辆的洗涤液进行了检查和更换。

二、知识复习

（1）风窗清洗器主要由储液罐、管道、喷淋头、前后电动刮水器、控制开关等组成，其功能是清洗风挡玻璃上的尘土和脏物。

（2）请根据图 10.3 复习风窗玻璃清洗系统及刮水器部件名称。

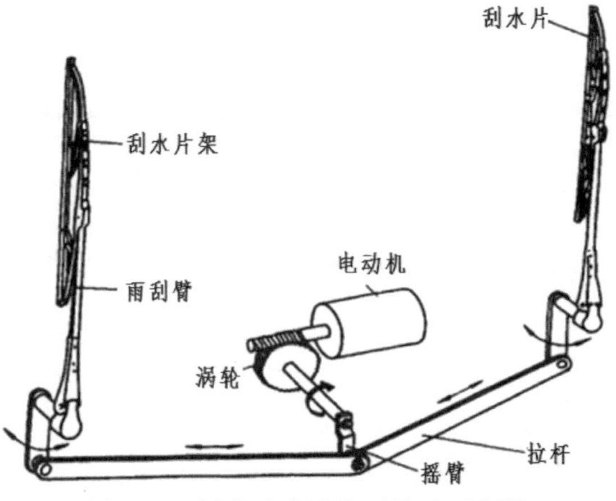

图 10.3　风窗玻璃清洗系统及刮水器

（3）（判断）洗涤液应按原车要求选用，一年四季都应使用同样的玻璃洗涤剂。（ × ）

（4）（判断）检查洗涤器喷嘴，脏污时可用干净的毛刷清洗喷嘴，喷嘴喷射角度不合适时应进行调整，北汽新能源 EV200 车型只能调整后窗喷嘴角度。（√）

（5）风窗刮水器调整标准。

表 10.21　风窗刮水器调整标准

调整项目	调整标准
前喷嘴	不可调整
后喷嘴	使得水柱可以喷射到后窗玻璃的上部三分之一处
刮水片终端停留位置（驾驶人侧）	刮水器橡胶片尖端和排水槽盖板的上边缘之间的距离必须为 45 mm。
刮水片终端停留位置（副驾驶人侧）	刮水器橡胶片尖端和排水槽盖板的上边缘之间的距离必须为 10 mm。

（6）汽车风窗玻璃清洗液的俗称是洗涤液。主要由水、酒精、乙二醇、缓蚀剂及多种表面活性剂组成。

（7）洗涤液的作用及其防冻要求。

① 清洗性能。

表面活性剂可通过润湿、渗透、增溶等作用，达到清洗去污的目的。在温暖的季节也应添加汽车玻璃清洗剂浓缩液。强劲的清洁能力可以清除车窗玻璃上的蜡类和油类残余物。

② 防冻性能。

洗涤液中的乙醇、乙二醇能显著降低溶液的冰点，很快溶解冰霜。可防止喷嘴、储液罐和连接软管冻结。北汽车型中，必须保证在最低约 –25 ℃（在某些气候恶劣的国家和地区约为 –35 ℃）时风窗玻璃清洗装置不会冻结。

③ 防雾性能。

洗涤液中的表面活性剂能消除玻璃吸附点附近性质的不一致，防止形成雾滴，提高透明度，保证视野清晰。

④ 抗静电性能。

洗涤液中的表面活性剂可以中和电荷，或者增强玻璃表面的导电作用，消除玻璃表面的电荷，防止吸附。

⑤ 润滑性能。

洗涤液中含有乙二醇，黏度较大，可以起润滑作用，减少雨刷器与玻璃之间的摩擦，防止产生划痕。

⑥ 防腐蚀性能。

洗涤液中含有多种缓蚀剂，不含金属离子，对汽车面漆、橡胶、各种金属没有任何腐蚀作用，绝对安全。

（8）洗涤液的加注标准。

① 洗涤液应加注到储液罐标有 -MAX- 最大加液处。

② 目前纯电动汽车要求只使用可全年使用的汽车洗涤液浓缩液。

（9）刮水器推荐维护周期一般为 6 个月或 1 万公里。

（10）洗涤液浓度的测量方法。

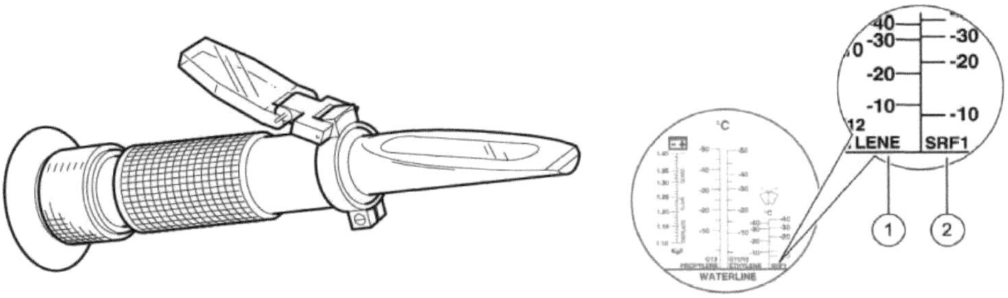

表 10.4　用冰点测试仪检测洗涤液的浓度

当使用时，用柔软的绒布将盖板及棱镜表面擦拭干净。将待测液体用吸管滴于棱镜表面，合上盖板轻轻按压，将冰点测试仪对向明亮处，旋转目镜使视场内刻度线清晰。读出明暗分界线在标示板上相应标尺上的数值即可。

冰点测试仪的刻度盘用处：① 用于汽车洗涤液浓缩液。② 用于常用玻璃清洁液以及常用的玻璃清洁液和汽车洗涤液浓缩液的混合液。目前纯电动汽车要求只使用可全年使用的汽车洗涤液浓缩液。

（11）请在表 10.22 中复习对应浓度洗涤液的混合比。

表 10.22　对应浓度洗涤液的混合比

防冻温度至	汽车玻璃清洁	纯水
-17 ～ -18 ℃	1 份	3 份
-22 ～ -23 ℃	1 份	2 份
-37 ～ -38 ℃	1 份	1 份

三、制订计划

（1）根据车辆维护保养要求，制订针对车辆洗涤液检查的作业计划。

表 10.23　作业计划

作业流程		
序号	作业项目	操作要点
1	维修作业前检查及车辆防护	高压安全及防护
2	检查洗涤液液位	洗涤液的标准加注位置
3	添加洗涤液（在需要的情况下）	洗涤液特性
4	检查洗涤液浓度	灯光检查手势的使用
5	检查并调整雨刮器位置	调整雨刮器的标准位置

（续表）

6	整理清洁场地	车间管理要求
计划审核	审核意见： 年　月　日　签字：	

（2）请根据维修作业计划，完成小组成员任务分工。

表 10.24　任务分工

操作人		记录员	
监护人		展示员	
作业注意事项			
（1）实训开始前应做好个人着装准备、场地准备和工具准备 （2）进入车内操作前，应先铺好维护保养三件套 （3）在进行前机舱操作之前，应先铺设翼子板防护垫 （4）当多人作业，起动运转设备或机器时，必须事先发出起动操作信号，并确认安全后方可起动，并且机器设备运行时，身体及衣服应远离转动部件 （5）当使用冰点测试仪时仔细阅读使用说明，避免不当操作造成仪器的损坏和测量不准确 （6）在测量洗涤液时，注意不要洒在皮肤和眼睛上，测试后仔细擦净仪器			
检测设备 / 工具 / 材料			
序号	名称	数量	清点
1	北汽实训用车	1 辆	☑已清点
2	冰点测试仪	1 只	☑已清点
3	洗涤液	1 套	☑已清点
4	隔离柱	4 个	☑已清点
5	警戒线	1 卷	☑已清点
6	警示标识牌	1 套	☑已清点
7	维护保养三件套	1 套	☑已清点
8	翼子板防护垫	1 个	☑已清点
9	实训工装	1 套	☑已清点
10	线手套	1 双	☑已清点
11	组合工具	1 套	☑已清点

四、计划实施

（1）请完成纯电动汽车维修作业前检查及车辆防护，并记录信息。

① 维修作业前现场环境检查。

表 10.25 环境检查

	作业内容: 检查绝缘垫，设立隔离柱，布置警戒线，张贴警示牌 作业结果: 现场环境达标，隔离距离正常，警示标牌清晰

② 维修作业前防护用具检查。

表 10.26 防护用具检查

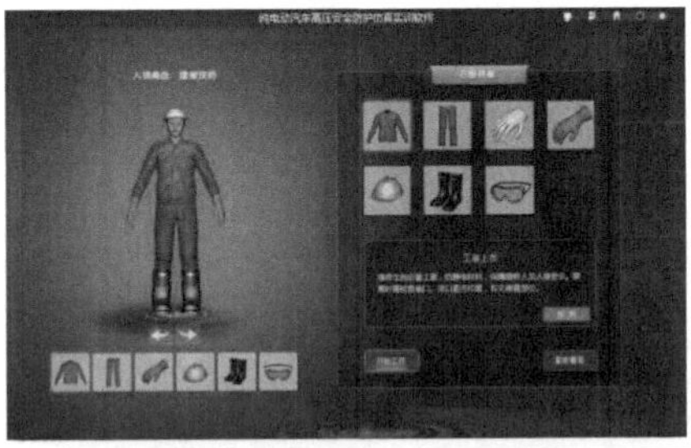	作业内容: 绝缘手套、绝缘鞋、护目镜、安全帽外观及性能检查 作业结果: 外观检查良好，绝缘手套及绝缘鞋技术参数合格

③ 维修作业前仪表工具检查。

表 10.27 工具检查

	作业内容: 冰点测试仪外观及性能检查 作业结果: 外观检查良好，冰点测试性能正常

④ 维修作业前实施车辆防护。

表 10.28 车辆防护

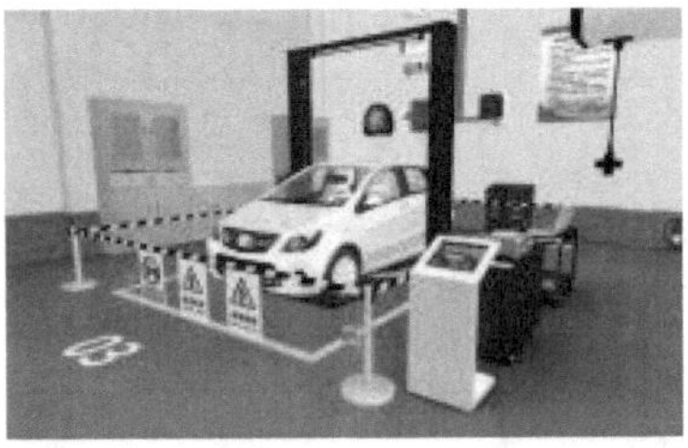	作业内容: 铺设翼子板防护垫、汽车维修三件套、脚垫 作业结果: 车辆防护实施完毕，可以进行故障诊断维修任务

（2）请检查洗涤液液位。

表 10.29　洗涤液液位检查

<table>
<tr><td rowspan="4"></td><td colspan="2">实际液位</td><td>是否添加</td></tr>
<tr><td colspan="2">☑低于 -MAX- 线□ -MAX- 线处　　□高于 -MAX- 线</td><td>☑是□否</td></tr>
<tr><td>注意事项</td><td colspan="2">①洗涤液不能直接与火焰或火源接触
②加注正规品牌的洗涤液，不要在储液罐中使用防冻液或醋水溶液，否则会损坏汽车漆面和风窗清洗装置
③目前要求只使用可全年使用的汽车洗涤液浓缩液</td></tr>
<tr><td>提示</td><td colspan="2">洗涤液加注量应＜ 3.5 L ，如果发生溢出，应立即用水清洗污染的表面</td></tr>
</table>

（3）检查洗涤液浓度。

表 10.30　洗涤液浓度检查

<table>
<tr><td>测量仪器</td><td>校准仪器使用的液体</td><td>刻度盘用途</td></tr>
<tr><td>冰点测试仪
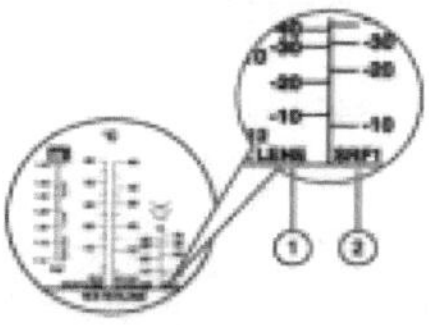</td><td>蒸馏水</td><td>刻度盘①：汽车洗涤液浓缩液
刻度盘②：常用洗涤液及其与汽车洗涤液浓缩液的混合液</td></tr>
<tr><td rowspan="2">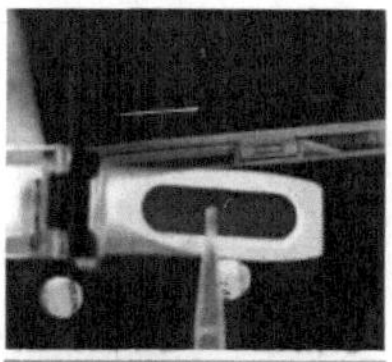
</td><td>测量步骤</td><td>（1）用柔软绒布将盖板及棱镜表面擦拭干净
（2）将待测液体用吸管滴于棱镜表面，合上盖板轻轻按压
（3）将冰点测试仪对向明亮处，旋转目镜使视场内刻线清晰，读出明暗分界线在标示板上的数值即可
（4）测试完毕，用柔软绒布擦净盖板及棱镜，清洗吸管，将仪器放还于包装盒内</td></tr>
<tr><td>测量结果</td><td>读数：□合格 □不合格，更换</td></tr>
<tr><td>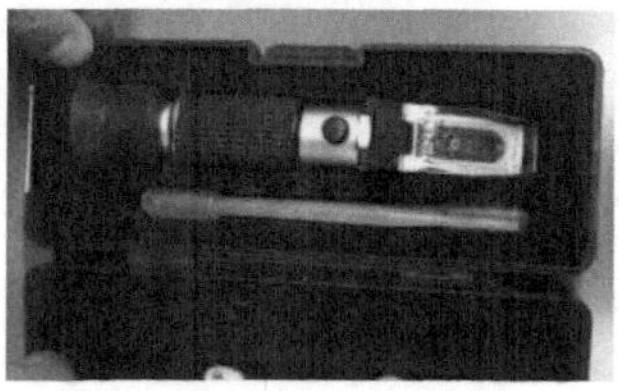</td><td>注意事项</td><td>① 测量时，不要将洗涤液撒在皮肤和眼睛上，以防受伤
② 不要将液体和水滴进测量仪调节旋钮和目镜内，以免损坏内部器件
③ 不要将测量仪长期放在相对湿度大于 85% 的环境，以免光学系统受到影响
④ 使用后立即用洁净布将测量仪棱镜和折光板擦拭光净</td></tr>
</table>

（4）检查风窗刮水器。

表 10.31 检查风窗刮水器

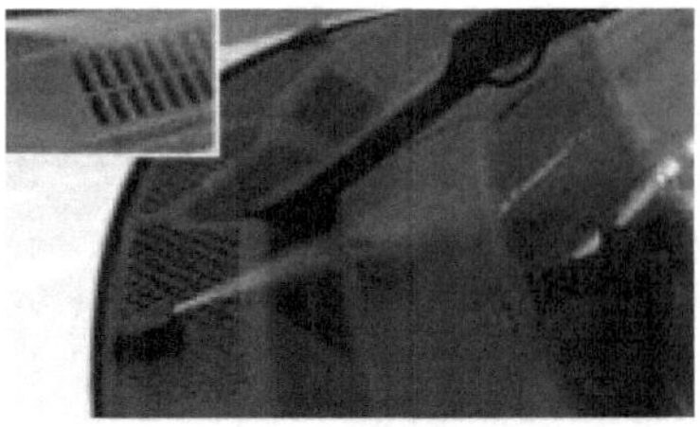 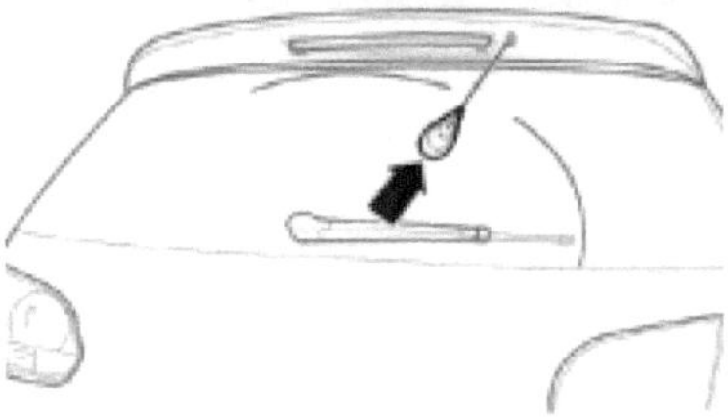	（1）检查风窗玻璃清洗装置，调节后风窗玻璃清洗装置	选用工具	调节工具（针）
		标准位置	使得水柱可以喷射到后窗玻璃的上部<u>三分之一</u>处
		提示	前喷嘴不可调整，只能调整后喷嘴
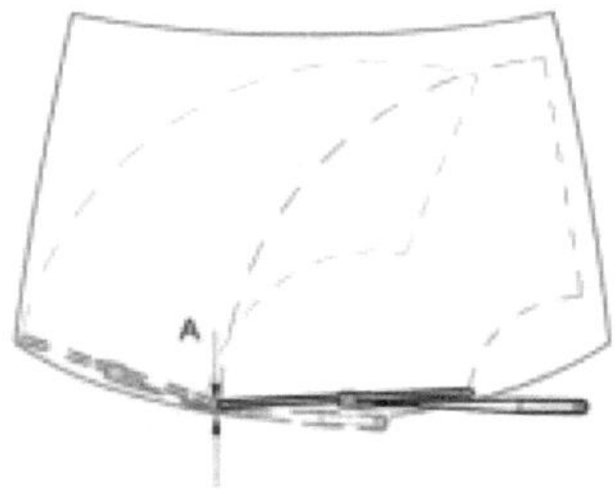 	（2）检查并调整驾驶员侧风窗玻璃刮水片	选用工具	扭力扳手、套筒工具
		套筒工具规格	13 mm
		拧紧力矩	12 N·m
		刮水器橡胶片尖端和排水槽盖板的上边缘之间的距离 *A* 必须为 <u>45 mm</u>	
 	（3）检查并调整副驾驶侧风窗玻璃雨刮片	刮水器橡胶片尖端和排水槽盖板的上边缘之间的距离 *B* 必须为 <u>10 mm</u>	

五、质量检查

请实训指导教师检查本组作业结果，并针对实训过程出现的问题提出改进措施及建议。

表 10.32 质量检查

序号	评价标准	评价结果
1	相关物品及资料交接齐全无误	
2	安全、规范完成维护保养工作	
3	根据用户用车情况对车辆洗涤液液位进行检查和添加	

（续表）

序号	评价标准	评价结果
4	使用冰点测试仪检测洗涤液浓度	
5	检查车况并在维修记录单签字	
综合评价	☆ ☆ ☆ ☆ ☆	
综合评语（作业问题及改进建议）		

六、评价反馈

请根据自己在课堂中的实际表现进行自我反思和自我评价。

自我反思：

自我评价：

七、实训成绩单

表 10.33　实训成绩单

项目	评分标准	分值	得分
接受工作任务	明确工作任务，准确记录客户及车辆信息	5	
信息收集	掌握工作相关知识及操作要点	15	
制订计划	计划合理可行	10	
计划实施	操作前做好场地设备及材料工具的准备工作	5	
	能说出洗涤液加注的标准液位并判断是否需要添加	10	
	能说出洗涤液的作用及车辆对其防冻温度的要求	10	
	能正确使用冰点测试仪检测洗涤液的浓度	12	
	能给车辆添加洗涤液	5	
	能在使用后将冰点测试仪合理存放	5	
	能检查并调整风窗刮水器	5	
	能在整个操作过程中规范操作，避免意外事故发生	5	
	能在操作结束后整理清洁场地	3	
质量检查	按照要求完成相应任务	5	
评价反馈	经验总结到位，合理评价	5	
得分（满分 100）			

项目十一 电动汽车空调系统维护保养

实训一 空调系统基本检查

表 11.1 实训目标

指导教师		参考学时	4 学时
实训目标	1. 正确识别出空调控制面板各按钮的名称，清楚其功能 2. 了解空调的几种出风模式，能按要求正确操作按钮 3. 能根据出风口温度及出风量判断出各模式下空调工作情况 4. 使用正确的方法检查空调 PTC 工作情况 5. 正确检查空调管路、线束及压缩机工作情况 6. 掌握更换空调滤芯的方法，并能正确清理空调滤芯		

一、接受工作任务

客户张先生来到汽车服务有限公司做维护保养，经了解，张先生家里有小孩，对车内环境要求较高，希望能对空调系统进行详细检查。维修技师刘强对车辆空调进行了详细的检查，并更换了空调滤芯。

二、知识复习

（1）汽车空调系统是实现对车厢内空气制冷、加热、换气、空气净化和风窗除雾的装置。

（2）现代汽车空调系统由制冷系统、供暖系统、通风和空气净化装置及控制系统组成。

（3）电动汽车空调系统主要由控制面板、电动压缩机、PTC 加热器、送风电机、冷凝器、蒸发器、膨胀阀、空调空气过滤器及制冷剂管道等部件组成。

（4）请根据图 11.1 复习电动汽车空调系统结构名称。

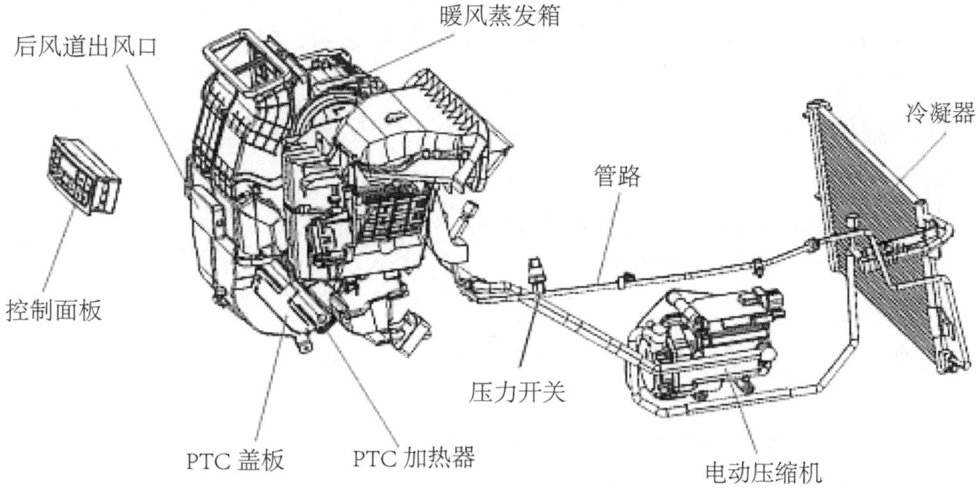

图 11.1　空调系统结构

（5）（判断）与传统汽车不同，纯电动汽车的空调系统中的压缩机改为电驱动，除此之外其他结构与传统汽车基本相同。（ × ）

（6）电动汽车的空调压缩机为涡旋式电动压缩机，其工作电压为：220 ～ 420 V，制冷剂类型为：R134a。

（7）根据图 11.2 明确电动压缩机的外部结构，复习箭头所示结构名称。

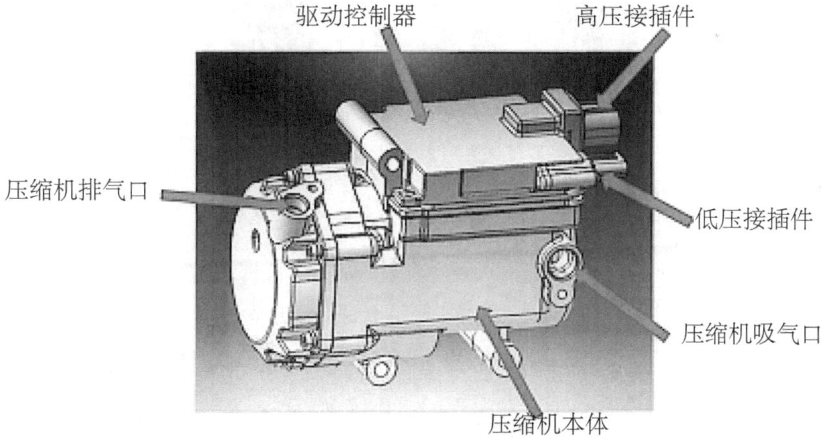

图 11.2　电动压缩机的外部结构

（8）（多选）电动空调压缩机工作的过程包括（ ABC ）。

A. 吸入过程　　B. 压缩过程　　C. 排放过程　　D. 做功过程

（9）（单选）下列选项中说法不正确的是（ D ）。

A. 蒸发器和冷凝器一样都是由管子与散热片组合起来的热交换器

B. 膨胀阀作用是把从冷凝器流出的高压制冷剂节流雾化

C. PTC 热敏电阻通常是用半导体材料制成的

D. 压缩机能把高温低压气态的制冷剂压缩成低温高压液态制冷剂

（10）PTC 加热器是采用热敏电阻为发热源的一种加热器，当外界温度降低时，PTC 加热器电阻值随之减小，发热量反而会相应增加。

（11）（单选）下列关于空调系统的维护保养中，说法不正确的是（C）。

A. 在停用制冷系统后，每两周起动压缩机工作 5 min

B. 当发现冷冻机油泄漏要及时修理

C. 经常更换制冷剂以保证空调制冷效果

D. 要求保持通风口清洁、排水道畅通

（12）（判断）当开启空调系统时，出现车窗起雾的情况，属于空调故障，应当及时检修。（×）

（13）北汽新能源 EV200 车型空调滤芯在副驾驶手套箱下方，可以过滤从外界进入车厢内部的空气，使空气的洁净度提高。

（14）检查制冷剂的量有两种方法，一种是通过系统中安装的视液镜检查，另一种是通过检测系统压力检查。

（15）请复习图 11.3 中制冷剂检漏仪的结构名称。

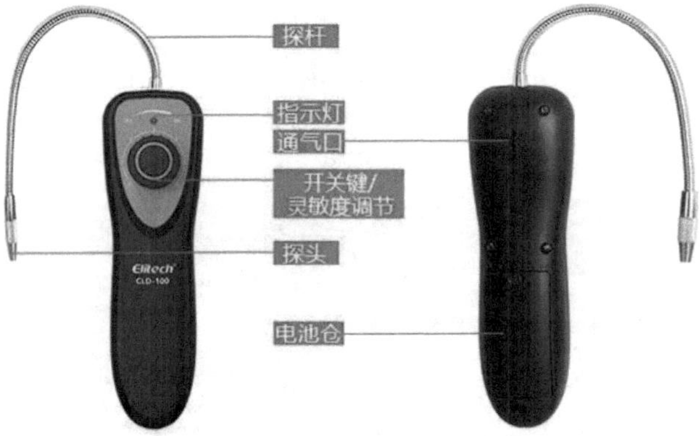

图 11.3 制冷剂检漏仪

（16）（多选）关于电动汽车空调系统的维护，下列说法中正确的是（ABC）。

A. 制冷系统正常时高压侧压力应为 1.37 ~ 1.57 MPa

B. 检查制热功能时检查是否有焦煳、过热的异味

C. 每 1.5 万千米或者每年更换空气滤清器

D. 在到达目的地前几分钟关掉冷气，开启暖风

三、制订计划

（1）根据电动汽车维修要求，制订空调系统工作、管路泄漏检测，以及检查空调滤芯的作业计划。

表 11.2　作业计划

作业流程		
序号	作业项目	操作要点
1	检查空调冷风、暖风功能	切换出风模式
2	检查空调压缩机及线束插接件状态	重点检查管路连接位置
3	检查空调滤芯是否脏污	拆卸时勿用蛮力
计划审核	审核意见： 年　月　日　签字：	

（2）请根据维修作业计划，完成小组成员任务分工。

表 11.3　任务分工

操作人		记录员	
监护人		展示员	
作业注意事项			
（1）实训开始前应摘掉戒指、手表和项链，脱去宽松的衣服，换上实训服，长头发应挽起固定于脑后 （2）当就车工作时，应施加驻车制动，除非特定操作要求置于其他挡位，否则应将挡位置于 N 位 （3）双手及其他物体不得接触风扇叶片，尤其是电动冷却风扇，确保电源完全断开后，才能在冷却风扇附近进行工作			
检测设备 / 工具 / 材料			
序号	名称	数量	清点
1	北汽实训用车	1 辆	☑已清点
2	车内三件套	1 套	☑已清点
3	工装	1 套	☑已核实
4	线手套	1 副	☑已清点
5	空气喷枪	1 个	☑已清点
6	手电筒	1 个	☑已清点
7	维修工具	1 套	☑已清点

四、计划实施

（1）空调冷暖风功能检查。

① 进入车内，打开空调开关。调节温度控制旋钮，将其调整到冷风。调节风量旋钮，将风量调整至最大。

表 11.4 功能检查

请复习图中数字代表的含义

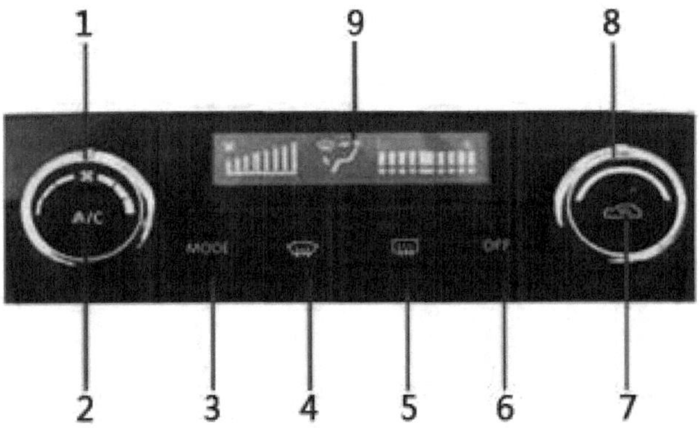

1	风速调节	2	A/C 开关	3	模式调节键	4	前除霜快捷键	5	后除霜快捷键
6	空调关闭键	7	循环模式开关	8	温度	9	液晶显示屏		

② 切换空调出风模式，切换至“吹脚”模式。检查驾驶员位置脚底出风口是否有凉风，出风量是否足够。

表 11.5 检查出风

<table>
<tr><td rowspan="5"></td><td colspan="4">请复习以下图片代表的含义</td></tr>
<tr><td></td><td>仅面部通风</td><td></td><td>面部和脚部通风</td></tr>
<tr><td></td><td>仅脚部通风</td><td></td><td>脚部、除霜</td></tr>
<tr><td colspan="2">是否有凉风</td><td colspan="2">□是□否</td></tr>
<tr><td colspan="2">出风量大小</td><td colspan="2">□大□小□无</td></tr>
</table>

③ 切换出风模式到车窗除雾或除湿，检查风窗玻璃处出风口是否有凉风，出风量是否足够。

表 11.6 检查车窗除雾或除湿

<table>
<tr><td rowspan="2"></td><td>车内玻璃表面起雾的原因</td><td colspan="3">☑车外温度低，车内温度高
□车外温度高，车内温度低</td></tr>
<tr><td>是否有凉风</td><td>□是
□否</td><td>出风量大小</td><td>□大
□小
□无</td></tr>
</table>

④ 切换出风模式到吹面模式，检查中控面板上方及两侧车门附近的出风口是否有凉风，出风量是否足够。

表 11.7 检查切换出风模式

<table>
<tr><td rowspan="2"></td><td colspan="2">检查出风口数量</td><td colspan="2">□ 1 □ 2
□ 3 ☑ 4</td></tr>
<tr><td>是否有凉风</td><td>□是
□否</td><td>出风量大小</td><td>□大
□小
□无</td></tr>
</table>

⑤ 调节温度控制旋钮，将其调整到暖风，切换空调出风模式，切换至“吹脚”模式。检查驾驶员位置脚底出风口是否有暖风，出风量是否足够。

表 11.8 检查调节温度按钮

<table>
<tr><td rowspan="2"></td><td>是否有暖风</td><td>□是
□否</td></tr>
<tr><td>出风量大小</td><td>□大
□小
□无</td></tr>
</table>

⑥ 切换出风模式到车窗除霜状态，检查风窗玻璃处的出风口是否有暖风，出风量是否足够。

表 11.9 检查车窗除霜状态

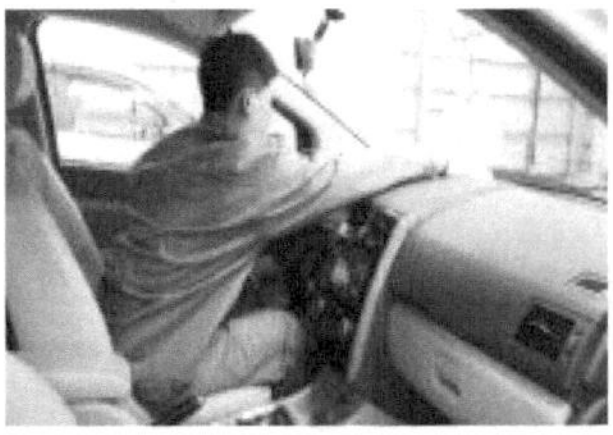	车外玻璃表面起雾的原因	□车外温度低，车内温度高 ☑车外温度高，车内温度低		
	是否有暖风	□是 □否	出风量大小	□大 □小 □无

⑦ 切换出风模式到吹面模式，检查中控面板上方及两侧车门附近的出风口是否有暖风，出风量是否足够。

表 11.10 检查吹面模式

	是否有暖风	□是□否
	出风量大小	□大 □小 □无

⑧ 在出风口处轻微扇动，闻一下吹出的风是否有焦煳味，如果有，则需进一步检查 PTC 加热器。

表 11.11 检查味道

	空调出风口有焦煳味的可能原因		□空调进气口堵塞 ☑线路老化 ☑ PTC 控制模块损坏粘连	
	□是否有暖风	□是 □否	出风量大小	□大□小□无

⑨ 关闭空调，完成冷暖风功能检查工作。

（2）检查空调压缩机及线束插接件状态。

① 打开前机舱盖，观察空调管路是否有凹陷，是否有制冷剂泄漏。

表 11.12 检查制冷剂泄漏

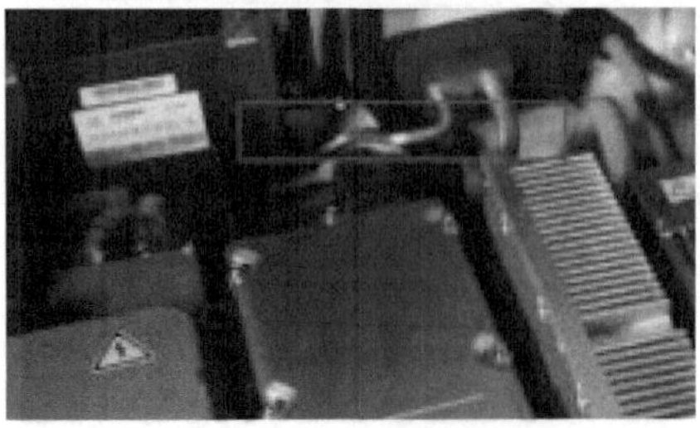	（1）检查空调管路表面，观察其是否有凹陷。	外观检查情况	□完好 □轻微损坏,无须修复 □损坏，需修复
	（2）检查空调管路各接头处是否有制冷剂泄漏。	是否有泄漏	□是 □否

② 举升车辆，观察电动空调压缩机外观，检查其安装是否牢固，连接线束是否有破损。

表 11.13 检查制冷剂泄漏

	外观检查情况	□完好 □有轻微划痕，无须修复 □损坏，需修复
	安装情况检查	□安装牢固 □安装松动，需紧固
	线束检查情况	□安装牢固□无破损 □安装松动□需紧固

（3）检查空调滤芯是否脏污。

① 拆开空调滤芯外护板卡扣，取出挡板。

表 11.14 拆开空调挡板

	空调滤芯位置	副驾驶扶手箱下方
	空调滤芯的作用	过滤从外界进入车厢内部的空气
	拆除卡扣数量	1 个

② 取出空调滤芯，检查其是否脏污。如果脏污不明显，进行简单清理即可。如果脏污严重，则更换新的空调滤芯。

表 11.15 取出空调滤芯

	清理空调滤芯时可使用的工具 ☑空气喷枪 □清水	
	空调滤芯干净程度	□很干净 □需要清理 □需要更换

③ 处理后，将空调滤芯装回原处，并盖好挡板。

表 11.16 将空调滤芯装回原处

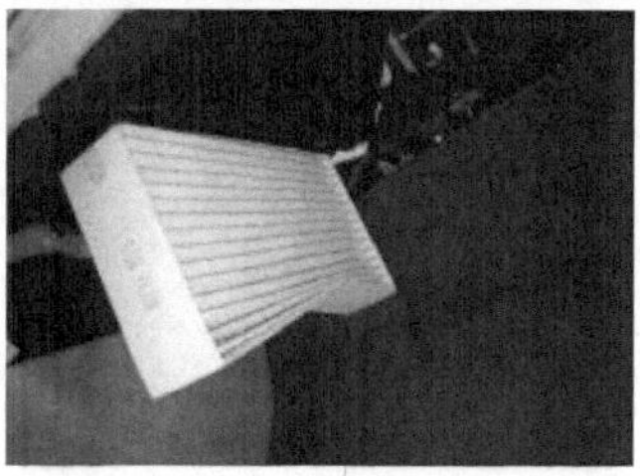	当装回空调滤芯时，文字朝向	☑向上 □向下

五、质量检查

请实训指导教师检查本组作业结果，并针对实训过程出现的问题提出改进措施及建议。

表 11.17 质量检查

序号	评价标准	评价结果
1	充分检查空调冷暖风各模式的工作情况	
2	在检查空调冷暖风功能时检查所有出风口	
3	充分检查空调系统管路泄漏	
4	空调滤芯能够正确拆下进行检查	
5	对空调滤芯进行正确处理	
综合评价	☆ ☆ ☆ ☆ ☆	
综合评语（作业问题及改进建议）		

六、评价反馈

请根据自己在课堂中的实际表现进行自我反思和自我评价。

自我反思：

自我评价：

七、实训成绩单

表 11.18 实训成绩单

项目	评分标准	分值	得分
接受工作任务	明确工作任务，理解任务在车辆维护保养中的重要程度	5	
信息收集	知道汽车空调系统的作用和组成部分	2	
	能画出汽车空调系统组成结构图	8	
	知道电动压缩机的工作条件和插件的针脚定义	6	
	知道空调加热 PTC 板的结构	2	
制订计划	制订空调系统工作、管路泄漏检测，以及检查空调滤芯的作业计划	10	
	能协同小组人员安排任务分工	5	
	能在实施前准备好所需要的工具器材	5	

（续表）

项目	评分标准	分值	得分
计划实施	正确识别出空调控制面板各按钮的名称，清楚其功能	4	
	清楚空调的几种出风模式，能按要求正确操作按钮	8	
	能根据出风口温度及出风量判断各模式下空调工作情况	8	
	使用正确的方法检查空调 PTC 工作情况	5	
	正确检查空调管路、线束及压缩机工作情况	3	
	使用正确的工具拆出空调滤芯	8	
	知道如何清理空调滤芯	5	
	正确安装空调滤芯	2	
质量检查	学生任务完成，操作过程规范	10	
评价反馈	学生能对自身表现情况进行客观评价	2	
	学生在任务实施过程中发现自身问题	2	
得分（满分 100）			

实训二　空调制冷剂加注

表 11.19 实训目标

指导教师		参考学时	4 学时
实训目标	1. 在对车辆空调系统操作前，能做好相关准备工作 2. 正确使用冷媒回收充注机完成制冷剂回收及加注作业 3. 正确使用冷媒回收充注机完成抽真空及加注冷冻油操作 4. 制冷剂加注操作以后，能正确完成空调测试操作并作好记录		

一、接受工作任务

客户孙先生来到汽车服务有限公司做维护保养，孙先生反映空调制冷效果不好。维修技师刘强对车辆进行了检查，发现空调系统制冷剂需要更换，于是对空调制冷剂进行了回收和加注。

二、知识复习

（1）（判断）空调制冷剂基本不会变质，因此不需要更换。（ × ）

（2）（判断）空调加注时需要使用专门的设备，不能直接手动加注。（ √ ）

（3）罗宾奈尔 16910 型制冷剂鉴别仪，主要用来检验制冷剂的类型、纯度、非凝性气体，以及其他杂质，能鉴别 R134a、R12、R22、HC、AIR 这 5 种成分的纯度，鉴别结果以百分比显示，精度为 0.1%。

（4）（多选）AC350C 制冷剂回收加注机的功能包括（ ACD ）。

A. 冷冻机油的回收、加注　　B. 检验制冷剂的类型、纯度

C. 空调系统检漏　　D. 制冷剂回收、净化、抽真空和加注

（5）请在图 11.4 中复习制冷剂回收加注机各功能区域的名称。

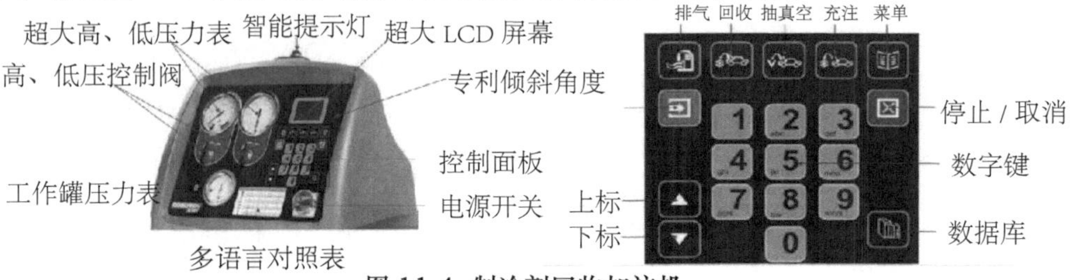

图 11.4　制冷剂回收加注机

（6）空调歧管压力表组件是汽车空调系统故障诊断与排除以及汽车空调系统维修必不可少的设备，请在图 11.5 中复习其各部分名称。

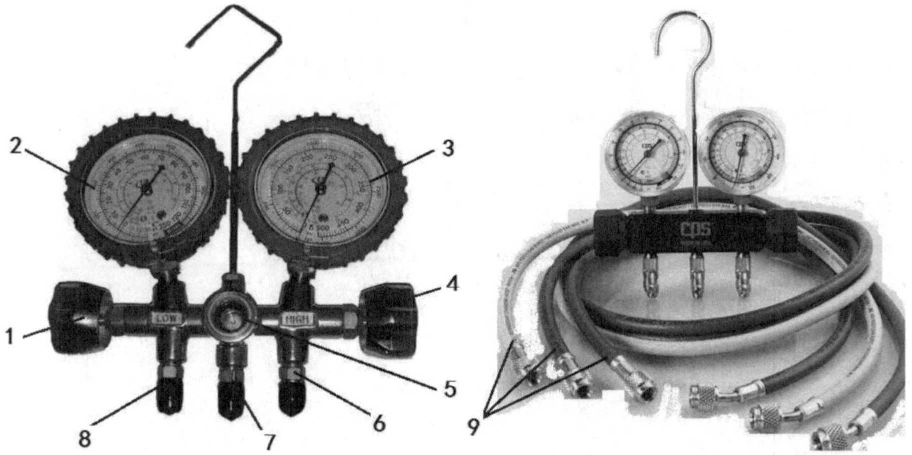

1—低压侧手动开关；2—低压表；3—高压表；4—高压侧手动开关；5—视窗；6—高压侧软管（红）；7—加注罐软管（黄）；8—接低压侧软管（蓝）；9—三色软管

图 11.5　空调歧管压力表组件

（7）按照正确的汽车空调制冷剂加注作业流程进行排序：④①⑧③⑥⑤②⑦。

①检漏 ②检测 ③抽真空 ④作业准备 ⑤加注制冷剂 ⑥复习冷冻机油 ⑦完成加注作业 ⑧视情清洗

（8）（多选）下列选项中关于报警显示功能的说法正确的是（ABD）。

A. 显示报警信息　　B. 有罐空报警、罐满报警和高压报警

C. 有低压报警　　D. 发生报警时，相应的指示灯闪烁

（9）使用设备前应检查设备罐内制冷剂是否足量（通过查看设备显示制冷剂重量，应保证罐内制冷剂量不少于 3 kg），净重达到加注量的 3 倍也可以充注（速度较慢），若不足量，应先进行制冷剂复习，建议复习至系统总容量的 50%。

（10）（单选）下列选项中说法正确的是（D）。

A. 操作时不断开蓄电池负极

B. 制冷剂的排放应在封闭空间且不能靠近火焰

C. 更换制冷部件后，要先加注制冷剂，再复习冷冻机油

D. 当拧紧或拧松螺纹接头时，必须同时使用两把扳手

（11）（判断）在抽真空时，不能压力表刚显示负压就停止抽真空，而应继续运行 3 ~ 5 min，以达到抽取水分的目的。（√）

（12）（判断）在加注新的冷冻油时，新油瓶阀门不要完全打开，且打开时动作要缓慢。（√）

（13）（判断）在加注制冷剂的过程中，通过按“切换键”可以切换显示剩余加注量或者罐内制冷剂的总量。（√）

（14）目前汽车空调系统中使用的制冷剂有 R12 和 R134a 两种。

（15）（多选）下列选项中属于 R134a 特性的是：（ACE）。

A. 无色、无味、无毒、不易燃烧、不易爆炸，化学性质稳定

B. 破坏臭氧层，在大气层停留寿命长，温室效应影响大

C. 分子直径比 R12 略小，易外泄，能被分子筛吸收；

D. 吸水性和水溶性比 R12 低

E. 汽化替热高，定压比热大，具有较好的制冷能力。

（16）空调系统冷冻机油的作用有：润滑作用、冷却作用、密封作用。因此，要求其具备：适当的黏度，受温度的影响要小、良好的低温流动性和互溶性、化学性质要稳定、毒性腐蚀要小，闪点要高、吸水性要小等特性。

三、制订计划

（1）根据电动汽车维修要求，制定空调系统冷冻油和制冷剂的回收及加注的作业计划。

表 11.20 作业计划

作业流程		
序号	作业项目	操作要点
1	空调系统作业准备	车辆预热
2	制冷剂加注作业	制冷剂回收加注机的使用
3	空调性能测试	空调压力表组的使用
4	结束操作，恢复场地	维修场地 7S 管理
计划审核	审核意见： 年　月　日　　签字：	

（2）请根据维修作业计划，完成小组成员任务分工。

表 11.21 任务分工

操作人		记录员	
监护人		展示员	
作业注意事项			
（1）穿戴手套、防护服和护目镜 （2）在通风良好的环境下使用制冷剂回收加注机 （3）在进行任何操作之前，首先确认该设备使用的制冷剂与汽车使用的制冷剂相同 （4）不要在热源、明火或产生火花的地方使用该设备 （5）红色的软管/快速接头接到空调系统的高压端，蓝色的接到低压端 （6）请在每次回收完之后打开旧油阀排放废油 （7）避免液体制冷剂喷射人体引起冻伤，避免制冷剂遇明火分解引起酸雾侵蚀 （8）当检查空调压缩机及线束情况时，务必先进行高压断电操作			

（续表）

检测设备 / 工具 / 材料			
序号	名称	数量	清点
1	北汽实训用车	1 辆	☑已清点
2	车内三件套	1 套	☑已清点
3	工装	1 套	☑已清点
4	线手套	1 副	☑已清点
5	冷媒回收充注机	1 台	☑已清点
6	冷冻油	1 桶	☑已清点
7	电子检漏仪	1 台	☑已清点

四、计划实施

（1）准备工作。

① 起动车辆，打开空调制冷功能，进行预热。

表 11.22　检查预热

	车辆状态	☑运行 □停机
	预热时间（分钟）	□ 1 □ 5 □ 10 □ 15

② 对空调系统检漏，确认无泄漏后关闭车辆点火开关。

表 11.23　检查泄漏

	使用设备	电子检漏仪	型号	
	检查位置	☑压缩机泵头	☑管路接头	□空调出风口
	是否有泄漏	□有 □无	泄漏位置	

③ 将冷媒回收充注机的高低压管路与空调系统的高低压管路相连接。

表 11.24 检查高低压管路

<table>
<tr><td rowspan="3"></td><td>系统高压端连接软管颜色</td><td>☑红□蓝</td></tr>
<tr><td>系统低压端连接软管颜色</td><td>□红☑蓝</td></tr>
<tr><td>安装时快修接头阀门状态</td><td>□开启☑关闭</td></tr>
</table>

（2）制冷剂加注作业。

表 11.25 制冷剂加注

<table>
<tr><td rowspan="7">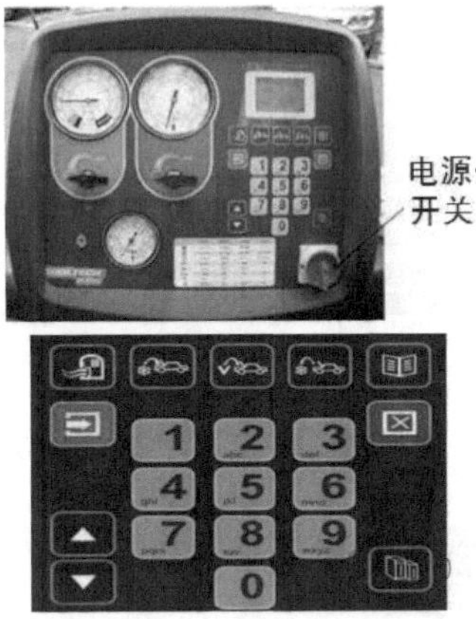</td><td rowspan="7">（1）打开电源开关，根据车型查找制冷剂加注量</td><td>使用设备</td><td>冷媒回收充注机</td></tr>
<tr><td>型号</td><td>AC350C</td></tr>
<tr><td>高压表压力 / kPa</td><td></td></tr>
<tr><td>低压表压力 / kPa</td><td></td></tr>
<tr><td>车型</td><td>EV160</td></tr>
<tr><td>制冷剂型号</td><td>R134a</td></tr>
<tr><td>制冷剂量 /kg</td><td>0.5</td></tr>
<tr><td rowspan="4">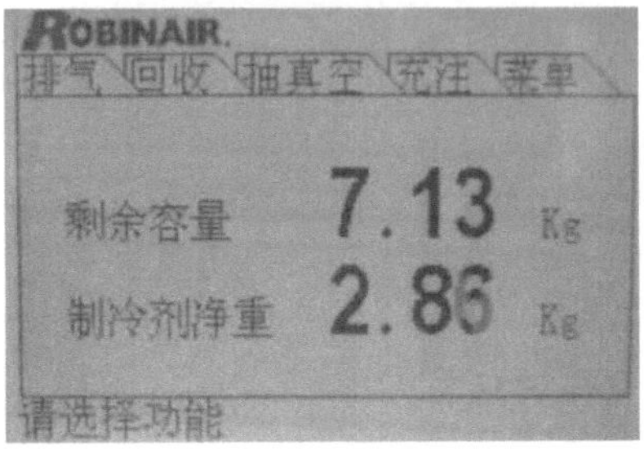</td><td rowspan="4">（2）检查工作罐中制冷剂净重</td><td>剩余容量 /kg</td><td></td></tr>
<tr><td>制冷剂净重 /kg</td><td></td></tr>
<tr><td>是否需要添加</td><td>□是☑否</td></tr>
<tr><td>原因</td><td>净重不足 3 kg 应添加；净重达到加注量的 3 倍也可充注</td></tr>
</table>

（续表）

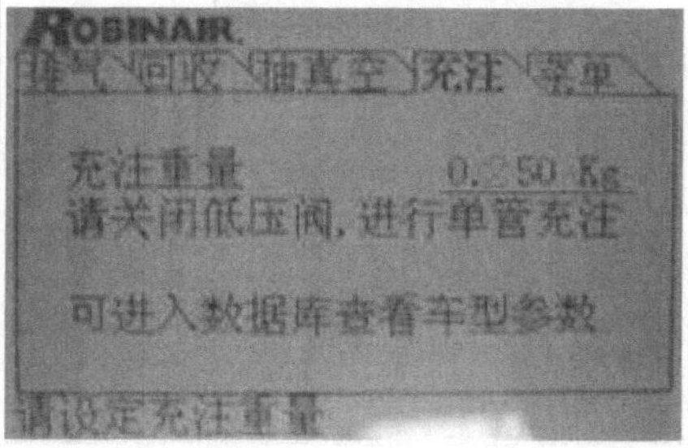	（3）选择制冷剂充注量进行充注	选择充注量	0.25 kg
		阀门操作	关闭低压阀打开高压阀
		目的	进行单管充注
		注意：加注量应根据实际需要选择	
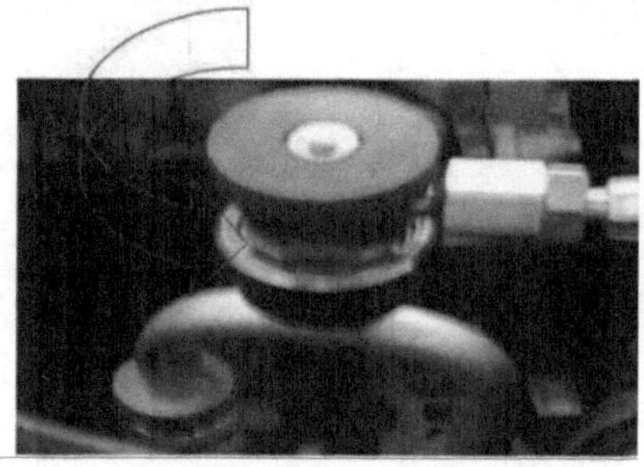	（4）充注完成，关闭高压阀	屏幕显示	充注完成，请取下红蓝管，并按下“确认”进行管路清理，已充注 0.25 kg
		警示灯动作	闪三次
		蜂鸣器动作	同时发出三声“滴”
		断开加注管与制冷系统方法	逆时针旋转高压快速接头
	（5）清理管路，取下软管	屏幕显示	管路清理完成，请退出
		警示灯动作	闪三次
		蜂鸣器动作	同时发出三声“滴”
		阀门操作	关闭控制面板上的高低压阀门
		取下高低压软管	☑完成□否

（3）空调性能测试。

表 11.26 空调性能测试

	（1）打开所有车门，起动车辆，运转空调	空调风量设置	□最小☑最大
		温度设置	□最高☑最低

（续表）

	（2）查找空调制冷系统是否有泄漏	使用仪器	电子式或荧光式检漏仪
		检测位置	管道、管接头处
	（3）对空调制冷系统进行压力检测	低压测压力	0.147 ~ 0.192 MPa
		高压测压力	1.37 ~ 1.62 MPa
		正常与否	☑是□否
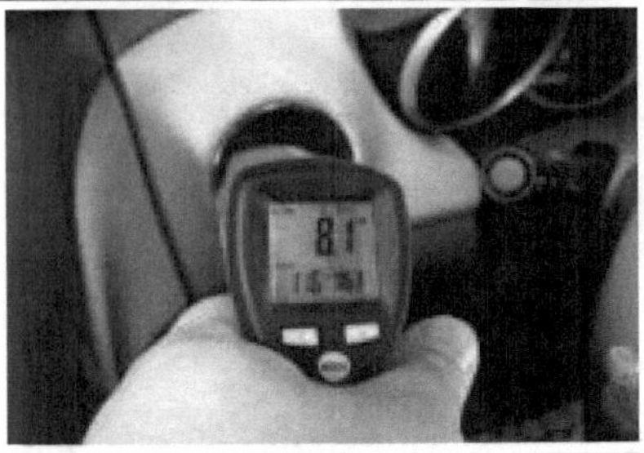	（4）出风口温度检测	空调运转时长	5 ~ 6 min
		出风口温度	0 ~ 5 ℃
		正常与否	☑是□否

（4）取下空调压力表组，完成制冷剂添加作业。

五、质量检查

表 11.27 质量检查

序号	评价标准	评价结果
1	空调系统作业准备充分	
2	制冷剂加注操作规范	
3	空调性能测试正确	
4	作业完毕后主动恢复场地	
综合评价	☆ ☆ ☆ ☆ ☆	
综合评语（作业问题及改进建议）		

六、评价反馈

请根据自己在课堂中的实际表现进行自我反思和自我评价。

自我反思：

自我评价：

七、实训成绩单

表 11.28　实训成绩单

项目	评分标准	分值	得分
接受工作任务	明确工作任务，理解任务在车辆维护保养中的重要程度	5	
信息收集	正确描述空调制冷剂回收充注机的功能	2	
	熟知空调制冷剂回收充注机的控制面板的六个区	2	
	能画出制冷剂回收加注机对汽车空调进行保养的流程图	6	
	知道如何使用制冷剂回收加注机回收制冷剂	6	
	正确描述空调系统抽真空的操作过程	2	
制订计划	制订空调系统作业准备、制冷剂回收作业、抽真空、制冷剂加注、空调性能测试的作业计划。	10	
	能协同小组人员安排任务分工	5	
	能在实施前准备好所需要的工具器材	5	
计划实施	在进行空调制冷剂相关操作时，首先预热车辆	5	
	使用空调检漏仪检测空调管路是否有泄漏	5	
	正确连接冷媒回收充注机和车辆空调高低压检测阀口	10	
	正确使用冷媒回收充注机加注适量制冷剂	10	
	完成车辆测试操作并作好记录	10	
质量检查	学生任务完成，操作过程规范	10	
评价反馈	学生能对自身表现情况进行客观评价	3	
	学生在任务实施过程中发现自身问题	4	
得分（满分 100）			

参考文献

[1] 刘春晖，魏代礼 . 新能源汽车维修技能与技巧点拨 [M]. 北京：机械工业出版社，2020.

[2] 胡欢贵 . 新能源汽车维修完全自学手册 [M]. 北京：机械工业出版社，2020.

[3] 徐景慧，胥泽民，彭鹏 . 新能源汽车整车控制系统检测维修 [M]. 北京：北京理工大学出版社，2020.

[4] 包丕利 . 新能源汽车整车控制系统检测与维修 [M]. 北京：北京理工大学出版社，2020.

[5] 瑞佩尔 . 新能源汽车原理与维修 [M]. 北京：化学工业出版社，2020.

图书在版编目（CIP）数据

新能源汽车实训指导 / 赵霖，蒋德，罗长春主编
. -- 湘潭 : 湘潭大学出版社，2022.5
ISBN 978-7-5687-0913-2

Ⅰ. ①新… Ⅱ. ①赵… ②蒋… ③罗… Ⅲ. ①新能源
—汽车 Ⅳ. ①U469.7

中国版本图书馆 CIP 数据核字（2022）第 200283 号

新能源汽车实训指导

XINNENGYUAN QICHE SHIXUN ZHIDAO

赵霖 蒋德 罗长春 主编

责任编辑：丁立松
封面设计：中 航
出版发行：湘潭大学出版社
社　　址：湖南省湘潭大学工程训练大楼
电　　话：0731-58298960 0731-58298966（传真）
邮　　编：411105
网　　址：http://press.xtu.edu.cn/
印　　刷：长沙创峰印务有限公司
经　　销：湖南省新华书店
开　　本：787 mm×1092 mm 1/16
印　　张：10.25
字　　数：243 千字
版　　次：2022 年 5 月第 1 版
印　　次：2022 年 5 月第 1 次印刷
书　　号：ISBN 978-7-5687-0913-2
定　　价：39.80 元